Johann Schrott

Die Minnelieder Herrn Hildebold's von Schwangau

Zum ersten Mal übersetzt

Johann Schrott

Die Minnelieder Herrn Hildebold's von Schwangau
Zum ersten Mal übersetzt

ISBN/EAN: 9783744613248

Hergestellt in Europa, USA, Kanada, Australien, Japan

Cover: Foto ©Thomas Meinert / pixelio.de

Weitere Bücher finden Sie auf **www.hansebooks.com**

Verkleinerte Wiedergabe der Zeichnung, welche F. H. von der Hagen von dem in der Manesse'schen Sammlung den Liedern Hildebolds voranstehenden Gemälde nehmen ließ.

Die Minnelieder Herrn Hildebold's von Schwangau

zum erstenmal übersetzt

und mit begleitendem Texte herausgegeben

von

Johannes Schrott.

Augsburg
Verlag der K. Kollmann'schen Buchhandlung.
1871.

Seiner Majestät

Ludwig dem Zweiten,

König von Bayern,

dem

erhabenen Burgherrn

von

Hohenschwangau zum Schwanstein

in tiefster Ehrfurcht

gewidmet

vom Verfasser.

Hildebolds Schwanengesang.

> Doch ist min tröst, ich hôrte sagen ein mære,
> daz niht sô guot, sô stæter dienest wære.
>
> Hêr Hiltbolt von Swanegou.

Noch einmal komm, Vermählte meines Sanges,
Geliebte Harf', und tön' in alter Weise!
Ich bin am Ziele meines Pilgerganges,
Nach einem bessern Accon zieht die Reise.
Was war mein Leben? War's ein Traum, ein Wind,
Ein Spiel mit dem ich umging als ein Kind?
Von meinem Leben und von meinem Lieben,
Welch' Erbe lass' ich, das mir ganz geblieben?

Nicht meine stolze Burg — sie wird verfallen,
Und nicht mein gutes Schwert — es wird zerbrechen;
Und meine Lieder werden auch verhallen,
Und Niemand wird sie singen oder sprechen.
Was hilft der rothe Schild mit seinem Schwan?
Da draußen glänzt mein Stern, der Tremudau.*
Er steht wie sonst und läßt seit ewigen Tagen
Um ihn sich drehn den Drachen mit dem Wagen.

* Siehe die betreffende Erklärung Seite 79.

Aus diesem Erker blick' ich zu den Sternen
Gar manche Nacht, und hing an ihren Tänzen.
  Da sah ich einen nie vom Platz sich fernen;
Nicht flammend aber milde war sein Glänzen.
  Und bald verstand ich seine Lehre wohl:
„Das Herz auch habe seinen Himmelspol,
Der Mann sei standhaft nach der alten Märe,
Daß treuer Muth doch stets das beste wäre!"

  Was panzerte mit Eisen meine Glieder?
Wohl mir, ich darf es sagen: deutsche Treue!
  Auf diesem Grunde blühten meine Lieder,
Wie Alpenblumen unter Himmelsbläue.
  Treu war der Sänger aus dem Schwanen-Gau
Dem König, Gott und einer holden Frau.*
Treu sei das Herz, die Hand, der Mund, die Thaten,
Das sang ich je, und will's im Tode rathen! —

  Die Saite sprang, es war sein Herz gebrochen,
Jedoch es war vollendet sein Vermächtniß. —
  Auf große Thaten kannst du, Deutschland, pochen,
Mit ihrem Ruhm erfüllen dein Gedächtniß!
  Im Herzen aber nach des Kampfes Mühn
Laß auch die alten Tugenden erblühn!
Und als die erste, schönste, pfleg' aufs neue,
Die manchmal schlief — die alte deutsche Treue.
München, den 12. Februar 1871.
                                        F. Sch.

* Vergl. Seite 15 und 49.

Inhalt.

		Seite
Hildebolds Schwanengesang		VII
Einleitung		1
Die Minnelieder Herrn Hildebolds von Schwangau.		
I.	Die Eine aus Allen	21
II.	Der erste Gruß	23
III.	Eingebildete und wahre Liebe	25
IV.	Beim Tanze	27
V.	Klage und Rechtfertigung gegen die Merker	29
VI.	Zierliches Versagen	35
VII.	Die Gewaltige	37
VIII.	Frei oder leibeigen?	41
IX.	Dem König das Leben, ihr das Herz!	45
X.	Abschied bei der Kreuznahme im Sommer 1217	49
XI.	In Syrien und daheim	53
XII.	Vom Po bis zum Rhein	55
XIII.	Das Kind vor der Ruthe	59
XIV.	Widersinn in der Freude	61
XV.	Ungleich zu Muthe	63
XVI.	Die Ehrenreiche	65
XVII.	Die Krone der Freuden	67

		Seite
XVIII.	Das Recht auf Minnedank	69
XIX.	Anklage gegen die Minne	71
XX.	Winter- und Sommerseufzer	73
XXI.	Nur ein halbes Wort	75
XXII.	Der Polarstern	79
XXIII.	Die Erhörung	83
Spruch des Markgrafen von Hohenburg		85

Einleitung.

Obwohl es längst über hundert Jahre sind, seit Bodmer zum erstenmal den Inhalt des sog. Manesse'schen Codex durch einen Abdruck in Deutschland bekannt gemacht und dadurch das erste Interesse für die lyrische Dichtung des dreizehnten Jahrhunderts erregt hatte, ist seitdem dennoch die Kenntniß jener merkwürdigen Gedichte, die wir nach ihrem Hauptinhalte Minnelieder nennen, stets nur ein Erbtheil besonderer literarischer Kreise geblieben, aber nie ein allgemeines Eigenthum des deutschen Volkes geworden. Es gebührt der romantischen Schule das Verdienst, zuerst diesen ritterlichen Dichtern eine größere Aufmerksamkeit zugewendet zu haben, indem sie nicht nur die Originalität und künstlerische Bedeutung dieser Lieder, sondern auch den Geist und das Gefühl, das deutsche Nationalgemüth, das in ihnen herrscht, hervorhoben. Die aus dieser Schule hervorgegangene literarische Richtung* hat nicht bloß durch zahlreiche Uebersetzungen und anthologische Sammlungen sich bemüht, die Deutschen wieder an ihr innerstes und eigenstes — gegenwärtig durch viele fremde Elemente

---

* Wir meinen hier natürlich nicht die gelehrten Arbeiten und kritischen Forschungen der eigentlichen Germanisten, sondern die Bemühungen derjenigen, welche in der Weise K. Simrocks die Schätze der altdeutschen Dichter einem größern Publikum zugänglich zu machen suchten.

versetztes — Geistes- und Gemüthsleben zu erinnern, sondern sie hat bereits durch Pfeiffer's ebenso klassische als populäre Ausgabe Walther's von der Vogelweide angefangen die Lyriker jenes Zeitalters der Gegenwart in ihrer Ganzheit vor Augen zu führen, nachdem den Epikern diese Aufmerksamkeit schon in größerm Maaßstabe zu Theil wurde. Gedichte haben ein ganz anderes Interesse, sobald man weiß in welchem Zusammenhang sie mit dem Leben des Verfassers stehen, als wenn sie einzeln und verstreut nur eine Farbenmischung zu den Geistesproducten Anderer zu bilden haben. Da jene ritterlichen Dichter — sehr ungleich unsern Privatpoeten — vermöge ihres Standes an den Geschicken jener Zeit den thätigsten Antheil nahmen, so gewähren sie nicht bloß ein literarisches, sondern auch ein historisches Interesse, und sind darum lebendige Zeugen des damaligen Geisteslebens wie der Ereignisse jener außerordentlichen Zeit. Es ist gewiß zu hoffen, daß Pfeiffer's thätige und verdienstvolle Schule zur Herausgabe anderer bedeutender Minnesinger* fortschreiten werde, denn wir theilen die Ansicht so Vieler keineswegs, welche behaupten, daß man mit Walther — der allerdings nach Inhalt der tiefste und umfassendste und nach Form der vollendetste von allen ist und bleibt — ja auch schon alle übrigen kenne und mitbesitze; wir glauben im Gegentheil, daß trotz eines gewissen conventionellen Zuges, der als Signatur des Zeitalters Allen gemeinschaftlich ist, nicht bloß die mannigfaltigste Formenbildung die Einzelnen unterscheidet, sondern daß überraschender Gedankengang, neue Ideen, eigenartige Anschauungen und realistische Gegensätze für Viele charakteristische Merkmale sind, wobei wir an einige unsrer bayrischen Minnesinger, wie Wolfram von Eschenbach, Reinmar von

---

*) Bloß philologisch kritische Textausgaben, wie solche ohne jede weitere Wort- und Sach Erklärung M. Haupt von Gottfried von Neifen, Neidhart u. s. w. veranstaltet haben, gehen für das Publikum spurlos verloren.

Brennenberg, den Tanhauser, Neidhart u. s. w. zu erinnern nicht umhin können.

Wenn wir hiemit eine populäre Ausgabe der wenigen Lieder Hildebolds von Schwangau veranstalten, so geschieht dies nicht mit der Prätension, als ob wir diesem Sänger eine besonders hervorragende Originalität und historische Bedeutung zueignen möchten, wenn er gleich Vorzüge hat, die einen hochsinnigen und gebildeten Geist verrathen. Wir gestehen von vornherein, daß es ein rein vaterländisches, fast landsmannschaftliches Interesse* war, das uns antrieb von seiner Harfe den Staub zu wischen und ihre Töne nach siebenthalbhundert Jahren wieder erklingen zu lassen. Wenn wir von diesem ritterlichen Sänger einige documentirte Reliquien, etwa wohlerhaltene Stücke seines Rüstzeugs besäßen, würde man dieselben nicht mit der größten Sorgfalt aufbewahren und sie im königlichen Schlosse zu Hohenschwangau dem staunenden Wanderer mit den Worten zeigen: „Seht, das ist des edlen Schwangauers Hildebolds Schild, den er in Syrien getragen, dies sein Schwert, das er bei der Belagerung der Tabor-Burg und bei Damiata geschwungen hat!" Gewiß würde Jeder diese Waffen, trotz Scharten und Rost, mit Ehrfurcht betrachten, weil er sich dabei nicht bloß an Herrn Hildebold, sondern an eine große und thatenreiche Zeit erinnerte. Sind aber die edlen Produkte seines Geistes, von denen ein großer Theil gerettet und unverfälscht auf uns gekommen ist und die weder Rost noch Motte mehr zu befürchten haben, nicht mehr werth als alle Geräthschaften und Waffen die er getragen und die doch nur eine alterthümliche und culturhistorische Bedeutung haben, von dem innern Gemüthsleben ihres Trägers aber nichts zu sagen wissen? Hildebolds Lieder sind redende oder vielmehr singende Zeugnisse eines schönen und liebenswürdigen Gemüthes, der Herzensgeschichte eines edlen deutschen Jünglings aus dem

* Der Verfasser ist ein Lechrainer.

Anfang des dreizehnten Jahrhunderts, zart in der Empfindung, rein im Ausdruck, einfach und kurz im Gedankengang, aber gewählt und künstlerisch in der Form; Zeugnisse jenes urdeutschen Zuges, der in unverdorbenen Jugendherzen zur Veilchen- und Anemonenzeit der ersten Liebe für ein Minne-Ideal voll Reinheit, Güte und Schönheit zu schwärmen hinreißt und in der Seele eines geborenen Dichters heut zu Tage noch dieselben süßen Töne, dieselben zarten Klagen und melodischen Seufzer erweckt wie zu Hildebolds Zeiten. Eben weil seine Lieder aus dem Urborn eines echt deutschen Gemüthes geschöpft sind, so muthen viele von ihnen uns mit einem so frischen und duftigen Hauche an, als ob sie erst in neuerer Zeit von unsern bessern Romantikern gedichtet worden wären. In Uhland und Eichendorff dürften verwandte Klänge zu finden sein: des „Winter- und Sommerseufzers" Nr. XX. hätten sich Meister des Wohlklangs wie Platen und Geibel nicht zu schämen, und das unendlich zarte und schöne Gedicht „Erhörung" Nr. XXIII. würde selbst in Rückert's „Liebesfrühling" eine Perle bilden.

Die erste Hälfte des dreizehnten Jahrhunderts ist die klassische Zeit des deutschen Minnesangs, und in die zwei ersten Decennien dieses Säculums dürften Hildebolds Lieder unzweifelhaft zu setzen sein. Er steht so ziemlich auf der Grenzscheide der ältern epischen Zeit, deren einfachere Form- und Reimbildung ihn noch vielfach gefangen hält, und der neuern lyrischen Kunst-Dichtung, die Walther damals zur höchsten Vollkommenheit auszubilden schon begonnen hatte.* In Hildebold vereinigt sich die frühere Strenge mit dem Bestreben,

---

* Karl Bartsch: „Deutsche Liederdichter" sagt hierüber unter Hiltbold S. XXV: „Darauf (nämlich, auf eine frühere Zeit) weist bestimmt der häufige daktylische Rhythmus seiner Lieder, die Beibehaltung der Stollenreime im Abgesang nach romanischem Muster; in einem Liede (Nr. X.) die ebenfalls romanische Umstellung der Reime in den Stollen, die einreimigen Strophen, die zwei- und vierstrophigen Lieder."

den neuern Strophenbau mit der dreitheiligen Gliederung und der kunstreichern Reimverschlingung sich anzueignen und selbständig neue Töne zu erfinden. Ebenso lassen Inhalt und Gedanken diese Uebergangszeit erkennen. Das Bild vom „Kinde vor der Ruthe" z. B. erinnert an den alten Heinrich von Veldek, während anderseits offenbare Anklänge an Walther von der Vogelweide zu finden sind, z. B. in „Vom Po bis zum Rhein" Nr. XII. an Walthers „Deutschland über Alles" (bei Pfeiffer S. 80), im „Ersten Gruß" Nr. II. an den Anfang des Walther'schen Liedes: „Schönheit und Jugend" (Pfeiffer S. 21). Walthers Einfluß ist unverkennbar und, wegen der Nachbarschaft und der Zeit, auch ganz erklärlich. Denn da Walther, wie Pfeiffer überzeugend nachgewiesen hat, ein Sohn der Alpen, ein Tyroler war, und da die Herren von Schwangau zur damaligen Zeit noch viele Güter in Tyrol besaßen, so steigert sich die Vermuthung zur höchsten Wahrscheinlichkeit, daß der Meister von der Vogelweide öfter auf den Burgen Schwangaus zu Gaste gewesen und mit Hildebold, der wohl nur um ein bis zwei Decennien jünger war, in Berührung gekommen sei. Gerade um die Zeit von 1215—1220, wo Hildebolds Lieder entstanden sein müssen, scheint Walther am Saume der Alpen viel umhergewandert zu sein und nicht bloß Tegernsee, sondern auch viele andere benachbarte Klöster und Burgen besucht zu haben, wie denn z. B. Dr. H. Holland neuerdings von dem wanderlustigen Sänger Spuren in Benedictbeuern entdeckt hat. Es ist sicherlich nicht zufällig, daß in der sogenannten Manesse'schen Handschrift sich unser Hildebold unmittelbar an Walther von der Vogelweide anreiht, wodurch sowohl eine persönliche als geistige Beziehung angedeutet sein dürfte. Jedenfalls gehört er, um mit Gottfried von Straßburg zu reden, zu jener „lieben Schaar von Nachtigallen, die unter der Weisung und Führung der Meisterin von der Vogelweide, der Kämmererin am Hofe der Minnegöttin", ihre Freuden und ihr sehnendes Klagen in süßen Melodien erschallen ließen.

Ueber das Leben unsres Minnesingers haben wir keine andern

Nachrichten als die spärlichen Andeutungen, wie sie in damaligen Urkunden und in seinen eigenen Gedichten enthalten sind. Immerhin aber bekommen wir von ihm ein recht anziehendes Bild, sobald nur einmal die Identität des Dichters mit einem der vielen Hildebolde des Schwangauer Geschlechtes, in welchem dieser Name lange Zeit ein vorherrschender war, hergestellt ist. Von der Mitte des zwölften bis zu Ende des dreizehnten Jahrhunderts begegnen wir in dieser Familie fünf Hildebolden, aus welchen unser Sänger herausgesucht werden muß.* Der erste Hildebold, der um die Wende des zwölften Jahrhunderts auftritt, befand sich häufig in der Gesellschaft des alten Welf, dessen Ministeriale er war, und weil bekanntlich der lebenslustige Alte Spiel und Gesang liebte, so schloß Hormayr, dieser Hildebold müsse der Sänger gewesen sein — eine Annahme die von F. v. d. Hagen ganz einfach dadurch widerlegt wurde, daß nach Sprache und Formbildung die Lieder unsres Dichters viel zu ausgebildet seien, um in jene ältere Zeit zu passen, also jüngern Ursprungs sein müßten. Ein anderer Hildebold wurde gegen die Mitte des dreizehnten Jahr-

---

* Zu diesen fünf historischen Hildebolden gesellt K. Bartsch, der (mit F. v. d. Hagen) Hohenschwangau an das linke Lech-Ufer versetzt, noch einen apokryphen sechsten, der unser Sänger sein soll. Er sagt: „Dieser kann weder der Hiltbolt sein der 1146 eine Schenkung des Herzogs Welf bezeugt, noch derjenige der von 1221 —1254 in Urkunden vorkommt, vermuthlich ein Enkel des ersten, sondern der Vater des zweiten, der auch Hilibolt geheißen haben wird, aber in Urkunden nicht nachgewiesen ist. Denn seine Zeit fällt, wie der Charakter seiner Lieder zeigt, in das Ende des zwölften und den Anfang des dreizehnten Jahrhunderts." Also ein Hildebold, vermuthlich ein Enkel des ersten und vermuthlich der Vater des zweiten Hildebold; ein Hildebold, der vermuthlich Hildebold geheißen haben wird, aber in Urkunden nicht vorkommt, d. h. wohl gar nicht existirt hat, soll der muthmaßliche Sänger sein! Und alle diese Vermuthungen wegen der Annahme: Hildebold müsse schon am Ende des zwölften Jahrhunderts gedichtet haben! Wir glauben aber, daß die Zeit 1215—1220 für unsern Hildebold durchaus nicht zu spät sei, indem damals die provençalische Dichtungsweise noch ebenso sehr neben der deutschen einherging, als beinahe zur selben Zeit die romanische neben der gothischen Architektur. Alle Kunstformen lebten damals länger und waren einer plötzlichen Modekatastrophe nicht unterworfen.

hunderts Benedictiner zu St. Magnus in dem benachbarten Füssen und später Abt dieses Klosters, kann also schon wegen dieses Umstandes und des rein ritterlichen Gepräges jener Lieder unmöglich deren Verfasser sein. Um das Jahr 1290 finden sich abermals zwei Hildebolde, Vater und Sohn, welche beide nur vorübergehend auftreten und keine hervorragende Stellung eingenommen zu haben scheinen. Keiner von diesen zwei jüngern Hildebolden kann der Minnesinger sein, denn sie sind für die Sprache und die Form jener Gesänge ebenso um fünfzig Jahre zu spät wie der alte Hildebold, Welfs Geleitsmann, um fünfzig Jahre zu früh. Es bleibt nur noch der zweite in der Reihe der Hildebolde übrig, der in der ersten Hälfte des zwölften Jahrhunderts lebte und mit aller Gewißheit als der Minnesinger betrachtet werden kann.

Dieser Hildebold, eines ungenannten Schwangauer Ritters zweitgeborner Sohn, muß wegen seines echt ritterlichen Charakters, besonders wegen seiner Friedens- und Gerechtigkeitsliebe bei seinen Zeitgenossen in hoher Achtung gestanden haben, weil er von ihnen bei so vielen öffentlichen und Privathandlungen als Vertrauensmann angerufen wurde. Zum erstenmal treffen wir ihn als einen der vordersten Zeugen bei dem Friedensschlusse zwischen Bischof Berthold von Brixen und dem Grafen Albrecht von Tyrol den 3. März 1221 in Augsburg, bei welcher Gelegenheit er auch der Zerstörung einiger tyrolischen Raubnester, die ringsum Land und Wege unsicher gemacht hatten, zustimmte. Im J. 1225 war er mit seinen zwei Brüdern Heinrich und Konrad in der Kirche zu Peiting als Friedensstifter und Zeuge der Beilegung eines Streites zugegen, der zwischen den beiden Pröpsten von Raitenbuch und Steingaden ausgebrochen war. Den 11. Novbr. 1828 erscheint er abermals mit vielen Herren aus Tyrol als Bürge des zwischen Albrecht von Tyrol und dem Bischof von Chur geschlossenen Landfriedens. Zwischen dem Ritter Heinrich Mühlhauser, Burgherrn von Flauerlingen, und den Brüdern Baumkirchner war eine Fehde ausgebrochen; Graf Eberhard von Hirschberg vermittelte den Streit, und unser Hildebold war wiederum Friedenszeuge. Bei vielen Privatverträgen, Käufen und Schenkungen wurde er zum Zeugen gebeten, nicht bloß von Rittern, sondern auch von Klosterleuten. Eine adelige Dame, Schwester Christine von St. Katharina in Augsburg, vermachte ein entlegenes Gut an das Kloster Steingaden, was Hildebold mit seinen zwei Brüdern bezeugte. Dem Kloster St. Magnus in Füssen wurde der Besitz eines Hofes in Hattenhofen bei Oberdorf von einem Ritter v. Sulzberg bestritten; Hildebold wußte und bezeugte, daß der Hof unter dem frühern Abte Rudolph für das Kloster rechtlich erworben wurde. Ueberhaupt scheint Hildebold den Söhnen des heil. Magnus ein besonders freundlicher Nachbar gewesen zu sein. Er besaß am rechten Lech-Ufer bei Füssen zwei Häuser, deren ihm gehörige Unterthanen er verpflichtete den Betrag des Laudemiums, statt an ihn, an das Kloster zu entrichten, sei es in Geld sei es in Wachs, was wohl indirekt eine Ermunterung zur Bienenzucht mit einschließt. Es mag um diese Zeit, 1242, gewesen sein, daß ein edler Schwangauer, gleichfalls ein Hildebold, den Entschluß faßte sich ganz den Wissenschaften und dem Dienste der Religion zu widmen. Statt Helm und Harnisch wählte er das Kleid des heil. Benedikt, trat in das Kloster zu St. Magnus in Füssen, wurde 1263 Abt und regierte bis 1284 mit Klugheit und Thatkraft. Ein Füssener Chronist berichtet von ihm, „daß er ein sehr gelehrter und vortrefflicher Mann und dem Bischof Hartmann in Augsburg in vielen Dingen nützlich gewesen sei."* Diese geleisteten Dienste lassen sich leicht errathen,

---

* Die schätzbare Nachricht über den Abt Hildebold verdanken wir der freundlichen Mittheilung des Herrn Generalvicars Dr. Lorenz Gratz in Augsburg, welcher eine Geschichte des Klosters St. Magnus in Füssen und der Umgebung aus den Quellen des bisher andern Gelehrten verschlossen gewesenen Archivs jenes Klosters bearbeitet hat. Möchte er mit der Herausgabe seines Werks nicht länger zurückhalten und dadurch mit seinem Beispiel andere Forscher zur Geschichtschreibung unsrer culturhistorisch so hochwichtigen bayrischen Klöster ermuthigen! Auch unsre alten Burgen und Dynastengeschlechter sind von unsern Specialhistorikern arg ver-

denn damals verband die Schwanganer und den Bischof von Augsburg ein gemeinschaftliches Interesse. Zur Bestreitung seines Römerzugs nämlich hatte Konradin so viele Güter und Rechte an seinen Oheim den Herzog Ludwig von Bayern verpfändet, daß sich jene Herren in ihren Ansprüchen verletzt fühlten. Die Schwanganer sollten den Berghof und die Vogtei über das Kloster St. Magnus verlieren, was diese so übel aufnahmen, daß sie sich mit den Augsburgern gegen den Herzog von Bayern verbanden und diesen bis zum J. 1270 bekriegten, wo es zu einem Vertrage kam.

Ob nun Abt Hildebold, der in diesem Handel eine bedeutende Rolle gespielt zu haben scheint, ein Sohn unsres Sängers oder seines Bruders Heinrich gewesen sei, kann mit Sicherheit nicht ausgemacht werden. Gewiß war Hildebold verheirathet, und wenn Hormayrs Angabe nicht irrt, wäre Luitard v. Freundsberg seine Frau und also wohl die in seinen Liedern gefeierte Dame die „Meisterin der Tugend" gewesen.

Hildebold machte den Minnesang nicht zu seinem Lebensberuf, wozu ihn solche Lebensverhältnisse wie die, in denen Walther und Tanhanser sich befanden, gar nicht drängten. Nachdem er den zarten Regungen seines Herzens Genüge gethan, einen schönen Kranz von Huldigungen um das Haupt der Geliebten geflochten und den Gebildeten seines Standes bewiesen hatte, daß er die Kunst verstehe, schwieg er und widmete sich dem Ernst eines thatenvollen Lebens. In seinen Gedichten herrscht jene jugendlich zarte, reine und weichherzige Schwärmerei, die überall die Anschauung und die Gefühlsweise des Jünglings verräth. Die in den ersten zwei Jahrzehnten des drei

---

nachlässigt worden. Prof. P. Brunner in Augsburg und Prediger G. Westermayer, der so eben eine Geschichte der Burg und des Marktes Tölz herausgegeben hat, machen freilich eine Ausnahme. Solche Arbeiten sind schon deswegen sehr erwünscht, weil sie in die historisch-commissionäre Monotonie der „Städtegeschichten" eine wohlthuende Abwechselung bringen.

zehnten Jahrhunderts beginnende Blüthezeit des deutschen Minnegesangs war die Zeit der Jugend Hildebolds, dessen Geburt in den Anfang der neunziger Jahre des zwölften Säculums fallen dürfte. Die Deutung der historischen Anspielungen in seinen Liedern unterliegt deßhalb keiner Schwierigkeit. Wenn er von einem Kreuzzug spricht, in den er zog und für welchen er in begeisterter Entsagung „Minne und Freunde verließ, was ihm wegen Gott, der ihn zu diesem Dienste entbot, nicht zu viel deuchte" Nr. X., so kann nur von jenem Zuge die Rede sein, den 1217 Herzog Leopold VI. von Oestreich mit dem Vater der heil. Elisabeth König Andreas II. von Ungarn, mit dessen Schwägern Herzog Otto von Meran und Bischof Egbert von Bamberg, sowie mit vielen andern Herren aus dem bayrischen Adel nach Syrien unternommen hatte.

Da nun Hildebold das „Land Syrien" ausdrücklich nennt, so kann an seiner Theilnahme an diesem Kreuzzug kein Zweifel sein, denn an jenem, den 1228 Kaiser Friedrich II. unternahm, konnte er nicht theilgenommen haben, weil er in diesem Jahre am 11. Novbr. bei dem Tyroler Landfriedensschluß als Bürge zugegen war. Auffallenderweise erscheint hier Hildebold ohne seine Brüder Heinrich und Konrad, woraus sich mit Wahrscheinlichkeit folgern läßt, daß sich diesmal einer von diesen oder beide Brüder dem Heere des Kaisers angeschlossen hatten. Demnach hätten die drei Brüder in der Erfüllung ihrer ritterlich-religiösen Pflicht abgewechselt. Ebenso wenig Schwierigkeit macht der Nr. IX. genannte „König", dem er gelobt „mit seinem Leib zu folgen, wohin es ihm beliebe", sobald wir die erwähnte Abfassung der Lieder in die Jahre 1215—1220 setzen. Dieser „König" kann kein anderer sein als Friedrich II., den auch Walther immer mit diesem Titel anredet und der erst 1220 die Kaiserkrone erhielt.

Unbegreiflicherweise hat der sonst so hochverdiente F. H. v. d. Hagen unter diesem „König" Konrad IV. verstanden, ein Irrthum, der ihn zu einer großen Ungerechtigkeit gegen unsern Hildebold verleitete. Da dieser zur Zeit Konrads 1250—51 sich schon in vorgerückten Jahren befand, so war aus innern Gründen nicht anzunehmen, daß er als älterer Mann noch ein so chevalereskes Lied verfaßt hätte, woraus er schloß, das Lied sei für Hildebold zu spät und müsse einem jüngern Verfasser angehören. Nun befindet sich beim Markgrafen von Hohenburg eine Strophe in Hildebolds Ton, und da dieser Markgraf im Dienste „König" Konrads und diesem sehr ergeben war, so änderte v. d. Hagen die Ordnung der Manesse'schen Handschrift und schrieb Hildebolds Lied dem Markgrafen zu, noch bestärkt durch die Meinung, daß die Weingartner Handschrift, die sonst immer mit der Pariser stimme, das Lied Hildebolds nicht enthalte. Die Heidelberger Handschrift eigne es dem von Rotenburg zu, worunter offenbar Hohenburg zu verstehen sei. Die Sache verhält sich einfach so:

Der Markgraf von Hohenburg hatte Hildebolds ritterlichen Gesang gehört oder gelesen, und fand als realistischer Weltmann den Inhalt tadelnswerth. Der Dichter spricht nämlich von einer unbedingten treuen Hingabe an die Geliebte bis an den Tod, es möge ihr zu erhören gefallen oder nicht. Diese, gewiß nicht wörtlich gemeinte Schwärmerei verwirft nun der Markgraf in einer mit Reimen spielenden Strophe, wozu er den „Ton" aus Hildebold entlehnt. Diese Strophe ist nichts als ein Epigramm, wie man bei näherer Vergleichung alsbald sieht. Als Zusatz oder Schluß würde sie jenes Lied vollständig parodiren, woraus sich von selbst ergiebt, daß es der Markgraf nicht gemacht haben kann. Wenn die Weingartner Handschrift dieses Lied nicht besitzt; so erklärt sich dies ganz einfach dadurch, daß dort gerade bei Hildebold, wo das Lied stehen mußte, drei Blätter fehlen, was v. d. Hagen nicht gewußt zu haben scheint. Die Namenverwechselung in der Heidelberger Handschrift verdient um so weniger eine Berücksichtigung als hier das Lied verstümmelt — es fehlt eine ganze Strophe — gegeben ist. Die Aufführung der Manesse'schen

Handschrift bleibt demnach in Kraft und unserm Hildebold sein Lied mit der Priorität der Erfindung des im ganzen Mittelalter so oft von Rittermund wiederholten Spruches: „Dem König das Leben, der Dame das Herz!"

Nach 1257 wird Hildebold in den Urkunden nicht mehr genannt, und es scheint, daß er gegen 1260 gestorben sei. Welche von den vier Schwangauer Burgen Hildebold bewohnte, kann nicht ausgemacht werden. Als zweitgeborner Sprosse wird er jedoch das hintere Hohenschwangau, oder den Frauenstein, oder auch den Scheiblingsthurm*, wenn dieser je bewohnbar war, besessen haben. Ebenso ist sein Grab unbekannt, doch dürfte die Vermuthung, daß er sich die Kirche des heil. Magnus zu Füssen zur letzten Ruhestätte auserjehen habe, nicht ganz ohne Grund sein.

Ein bleibendes Denkmal aber hat er sich in seinen 23 Liedern gesetzt, die der ungetrübte Spiegel eines echt deutschen Gemüthes sind. Religiöse Begeisterung, Gehorsam gegen den Lehensherrn, unerschütterliche Treue gegen die Eine Erwählte geben diesen seelenvollen Klagen eine sittliche Kraft und eine ideale Weihe, wodurch diese „Minnelieder" — im Gegensatz zu unsern Liebesliedern — dem profanen Gebiete fast entrückt werden. Ebenso rein wie seine Gesinnung sind seine Verse und seine Reime; seine Sprache — das Hochdeutsch der damaligen Zeit — ist einfach und kraftvoll, sein Strophenbau streng, maßvoll und frei von den überkünstlichen Manieren, in welchen so viele spätere Minnesinger sich gefielen. Da Hildebold seine Lieder für den Gesang dichtete und mit einem harfenartigen Instrument begleitete, so mußte in ihnen nothwendig die musikalische Stimmung vorherrschen, wie dies überhaupt jeder Text erfordert, wenn er sangbar

---

* Auch Sinewoltburm genannt. *Sinewel:* rund, *schibeloht:* scheibenrund, walzenrund. Um das Jahr 1170 erbaute Caspar von Schwangau aus diesem Thurm den Schwanstein, welches Schloß bekanntlich zum heutigen Hohenschwangau erweitert wurde.

sein soll. Wir würden deßhalb gegen Hildebold sehr ungerecht sein, wenn wir bei ihm die geistreichen Wendungen, Pointen und farbigen Bilder suchten, welche wir bei modernen Dichtern lieben*, die ihre Gedichte nur für einen „Leserkreis" schreiben und nur höchst ausnahmsweise für den Componisten. Von den „Weisen" (Melodien) der Minnesinger sind aber so wenige auf uns gekommen, daß wir uns von der Art ihres Gesangs kaum eine Vorstellung machen können, denn die weltliche Musik des frühern Mittelalters ist uns fast ebenso verloren gegangen wie die griechische.

Dagegen hat uns die bildende Kunst vieles erhalten, was uns wenigstens das äußere Leben jener merkwürdigen Zeit zur Anschauung bringt. Dahin gehören vor allem die herrlichen Pergamentbilder der Manesse'schen Sammlung, welche allerlei dramatische Scenen aus dem Leben der Minnesinger, größtentheils aus ihren eigenen Liedern entlehnt, zur Darstellung bringen. Eines der schönsten und anmuthigsten Gemälde — es sind nämlich nicht bloße Miniaturen — ist dasjenige, welches unsern Hildebold in voller ritterlicher Tracht, mit Stechhelm, Ringpanzer und schwanverziertem Wappenrock zeigt, wie er bei einer festlichen Gelegenheit, vielleicht nach der Heimkehr vom Kreuzzug oder nach einer ritterlichen Tjost, zwei Edelfräulein zum Tanze führt, und zwar nicht an den Armen, sondern nach altdeutscher Sitte mit jeder

---

* Die einfache Klarheit und zarte Reinheit der Minnesinger ist von den Neuern oft fälschlich für Gedankenarmuth gehalten worden. Zugegeben daß unsre neueren Dichter mit einem größern Gedanken- und Gefühlsreichthum, den ihnen der breiter (aber nicht tiefer) gewordene Culturstrom der Jahrhunderte zugeführt hat, operiren können, so ist es für literarisch Gebildete dagegen eine ausgemachte Sache, daß ihnen die alten Minnesänger in der Ausbildung lyrischer Kunstformen unendlich überlegen waren. Wie durchgebildet und feingegliedert sind diese aus dem Dreigesetz sich aufbauenden Strophen gegen die monotone Langweiligkeit unsrer Vierzeilen, in welchen selbst unsre bessern Dichter so gern daher schlendern! Eine solche reimverschlungene dreitönige Strophe verhält sich zu einem nüchternen Quatrain, wie das kunstvolle Maaßwerk eines gothischen Fenster Bogenfeldes zum quadratischen Fensterstock eines bürgerlichen Hauses.

Hand je eine ihrer Hände fassend. Ein Geigerlein geht spielend* voran und die freundlich zu ihrem Ritter anblickenden zwei tanzlustigen Mädchen gleichen genau jenen Frauen im Paradiese X des Dante „welche still aufhorchend weilen, bis sie die neue Melodie des Tanzes recht verstanden", Fin che le nuove note hanno ricolte.

 Wir haben diese ebenso charakteristische als reizende Composition in einer verkleinerten Abbildung, welche Karl Baumeister nach der aus dem Manesse'schen Codex genommenen Zeichnung des Herrn v. d. Hagen gemacht hat, nicht als bloße Zierde, sondern als wirklich erläuterndes Bild zu einem der artigsten Lieder Hildebolds unserm Büchlein vorangestellt. Die Miniature in der Weingartner Handschrift ist künstlerisch nicht so bedeutend. Sie stellt die beiden Liebenden in wallenden Festgewändern, mit zackigen Diademen gekrönt dar, wie sie sich mit erhobener Rechte Treue schwören. Doch entlehnten wir daraus Hidlebolds Wappenschild mit dem silbernen Schwan im rothen Felde, darüber den Helm, auf dessen goldener Krone ebenfalls ein Schwan sitzt.

 Den Text zu unsrer Uebersetzung entnahmen wir dem 1. Bande der Minnesinger Ausgabe, die F. v. d. Hagen nach der Manesse'schen Handschrift veranstaltet hat. Nur haben wir, wie bereits bemerkt, ein von diesem Gelehrten dem Markgrafen von Hohenburg zugeschriebenes Lied reclamirt und dem Hildebold zurückgegeben. Uebrigens war und blieb Hagen selbst schwankend in seiner Meinung und hatte bei Hildebold den Platz des Liedes offen gelassen, indem er in der Strophenzählung von 15 gleich zu 19 überging. Die Folge der Lieder, welche in der Handschrift offenbar zufällig ist, haben wir so geordnet, wie es der melodramatische Gang der Herzensgeschichte des Dichters mehr zu erfordern schien.

---

* Oft spielten die Minnesinger selber zum Tanze mit der Geige. So ruft Walther von der Vogelweide: Wol ûf, swer tanzen welle nâch der gîgen! Hier an Walther selbst zu denken, liegt allerdings nahe; indeß hat der Kopf des Geigers seine Aehnlichkeit mit dem in der Manesse'schen Handschrift unmittelbar vorhergehenden schönen Bilde des Meisters.

Hêr¹ Hiltbolt² von Swanegou³.

---

1 *Hêr*, abgekürzt statt Herre, d. h. der Hehrere, Edlere (nicht etwa von herus!) Herr, in den alten Handschriften das Ehrenprädicat aller ritterlichen Sänger, wie „Meister" das der bürgerlichen. Viele, welche nur mit dem Artikel bezeichnet werden, z. B. Der Tanhuser, Der von Kürnberg u. s. w. sind zwar auch ritterbürtig gewesen, waren aber entweder nachgeborene ärmere Sprösslinge oder wurden so schlechtweg genannt wegen einer besondern Popularität. — 2 *Hiltbolt*, so in der Pariser Handschrift; in der Weingartner Hiltebolt. Sonst noch verschieden geschrieben: Hiltibolt, Hiltepolt (-poldus) u. s. w., neudeutsch aufgelöst: Hildbold, und wohl richtiger (analog Hildebrand u. s. w.) Hildebold, wie dieser Name auch beim Neidhard (Siehe Haupts Nithart S. 74) vorkommt. Im oberlechrainischen Idiom würde man, falls der Name noch gebräuchlich wäre, Hiltebold aussprechen. — 3 *Swanegou*, Schwangau; in der Manesse'schen Handschrift *Swanegoi; Goi* das jetzt noch am Lechrain gebräuchliche Gäu für Gau.

Die Minnelieder

Herrn Hildebolds von Schwangau.

Tugent unt reine minne
swer die suochen wil,
der sol komen in unser lant!

      Walther von der Vogelweide.

I.

Ûz allen vrouwen ich mir eine erkande
ze trôste¹, an der wil ich stæte² belîben,
  Des sezze ich mîn êre ze pfande,
unt daz ich si minne vor allen wîben;
Swenne³ ich daz niht tuo, ich wil, daz si verstê⁴,
und ir genâde mich dar zuo vergê:⁵
  nû gedenke, ob ich ir niht lôste,
wer⁶ mich an vröuden ie mer mê getrôste.

Waz solte mir dar nâch lîp und êre,
swenne ich daz herze wolte von ir wenden?
  Si wizze, daz ich minne si ie mer mêre,
nach ir genâden mueze ich'z noch verenden.⁷
  Waz dar ümbe, ob si verzîhen⁸ kan?
daz habent vil guote vrouwen ê⁹ getân:
  doch ist mîn trôst, ich hôrte sagen ein mære,
daz niht sô guot, sô¹⁰ stæter dienest wære.

---

¹ *trôst*, Zuversicht, feste Hoffnung, Hilfe, Trost. — ² *stæte*, beständig, in Treue. — ³ *swenne*, wenn irgend. — ⁴ *eerste*, von *eerstân*, nicht unser verstehen, sondern: abstehen, entgegenstehen. — ⁵ *vergê*, übergehe, vermeide. — ⁶ *wer*, hier *Fem.* — ⁷ *verenden*, zu Ende bringen, vollenden. — ⁸ *verzîhen*, versagen, verweigern. — ⁹ *ê*, eher, früher. — ¹⁰ *sô — sô*, so — als. — Die grossen Anfangsbuchstaben mit den eingerückten Zeilen bezeichnen jedesmal die Anfänge der beiden Stollen und des Abgesanges.

Die Eine aus Allen.*

Aus allen Frau'n ich Eine hab' erkannt
Zu meinem Heile, mit beständigem Sinne.
Deß setz' ich meine Ehre drauf zum Pfand,
Daß nur ich sie vor allen Frauen minne.
Thu' ich es nicht, so will ich: „sie sei frei,
Und ihre Gnade geh' an mir vorbei!"
Doch denk' ich, daß ich keine mir erkoste,
Die mir an Freuden besser wär zu Troste.

Was sollte mir noch werth sein Leib und Ehr',
Wenn ich das Herz je wollte von ihr wenden?
Sie wiss': ich liebe sie nur immer mehr!
Durch ihre Gnade wird es gut noch enden.
Und wenn sie auch das Weigern trefflich kann,
So haben gute Frau'n das längst gethan.
Ich bleibe bei der alten, wahren Märe:
Daß treuer Dienst doch stets das beste wäre.

———

* Der Dichter verpfändet seine Ritterehre dafür, daß er nur Eine aus allen Frauen minne. Sei das nicht der Fall, so möge sie ihm ihre Gnade entziehen. Ohne sie gebe es keine Freude für ihn, und Leben und Ehre wären zu nichts nütze. Ihr Versagen schrecke ihn nicht, das hätten gute Frauen von jeher gethan. Er bleibe bei der alten Wahrheit: daß nichts so gut wäre wie treuer Dienst.

II.

Wol mich des, daz ich sie gesach,
sælik [1] sî diu stunde
dô mîn herze erwelte die,
der tügende meistærinne!
Gedæhte si, wenne ez geschach,
daz ich von ir munde
dort ir ersten gruoz enpfie,
dâ [2] gab mich ir diu minne.
Daz mich ir nie man verprach [3].
der ez wizzen kunde.
ie mer sît so kêrte ich ie [4]
gegen ir mîne sinne.

1 *sælik*, gesegnet, selig. — 2 *dâ*, da, immer in räumlicher wie *dô* in zeitlicher Bedeutung. — 3 *verprach*, verbrach, unterbrach; vielleicht *versprach*, d. h. wo mich ihr niemand durch unzeitiges Ansprechen oder Zurufen unangenehm machte. — 4 *ie*, zu jeder Zeit: hier Verstärkungspartikel zu *ie mer*, immer.

Der erste Gruß.*

O wohl mir deß, daß ich sie sah,
Gepriesen sei die Stunde,
Da einst mein Herz erwählte sie
Der Tugend Meisterinne.
 Gedächte sie, wann es geschah,
Als ich von ihrem Munde
Empfing den ersten Gruß, und wie
Mich ihr hingab die Minne!
 Kein Laurer unterbrach uns da,
Verschwiegen blieb die Kunde.
Seitdem von ihr ich wandte nie
Mehr alle meine Sinne.

---

* Beseligende Erinnerung an die Stunde und den Ort der ersten ungestörten Begegnung und des ersten Grußes. Auch sie möge sich daran erinnern, zumal sie sich, als die Minne seine Hingabe an sie verwirklichte, als „Meisterin der Tugend" bewährt habe.

III.

Ein schapel[1] brún[2], und under wilent[3] blank,
hat mir gehœhet daz herze unt den muot:
  Hie bî künde ich mîner vrouwen den sanc.
daz si bekenne, wer mich[4] singen tuot.
  Ich sol[5] mich gegen ir hulden huetende sin
noch michels baz danne der ougen mîn:
  si sî getriuwe, daz werde an mir shîn.

Ez ist ein wunder, mir wart nie sô wê,
dô ich wol vieren vûr eigen mich bôt,
  Nû minne ich eine, unt deheine ander mê,[6]
und ist nach der einen noch grôzer mîn nôt,
  Danne[7] sie wære von minnen als ie:
ez was ein spil, dâ mit ich ûmbe gie:
  nû erkenne ich minne, die erkande ich ê nie.

---

1 *schapel*, chapelet, Kranz. — 2 *brûn*, braun, dunkelroth. — 3 *under wilent*, zuweilen. — 4 *mich*, statt sie. Der Dichter legt ihr gleichsam im Geiste die Frage in den Mund: „Wer besingt mich?" — 5 *sol* = will. — 6 und keine andre mehr. — 7 *Danne*, als.

Eingebildete und wahre Liebe.*

Ein dunkelrother Kranz, zuweilen weiß,
Hat mir gefallen und mein Herz erfreut.
Das mach' ich ihr nun kund mit allem Fleiß,
Daß sie erkenne, wer dies Lied ihr beut.
Wird ihre Huld mir, hüt' ich sie, fürwahr,
Noch besser als mein eignes Augenpaar.
Ist sie getreu, an mir wirds offenbar.

O welch' ein Wunder, mir ward nie so weh
Als einst vier Frau'n ich meine Liebe bot;
Nun lieb' ich Eine nur, und mehr als je
Hab' ich um diese Eine größre Noth.
In Minne wähnt' ich einst mein Herz entbrannt,
Es war ein Spiel dem ich mich zugewandt,
Was Minne sei, hab' ich erst jetzt erkannt.

---

* An den Farben ihres Kranzes, welche er in der Freude seines Herzens trage (sie sind zugleich die Farben seines Hauses), soll sie erkennen, wer sie besinge. Ihre Huld wolle er mehr hüten als seine eigenen Augen, und wenn er einst vier Frauen sich zu eigen angeboten habe, so sei das nur ein Spiel gewesen; was Minne sei, wisse er jetzt erst.

IV.

Ich wil der lieben aber[1] singen,
der ich ie mit triuwen sank
Uf genâde und ûf gedingen[2]
daz mir trûren werde krank[3],
  Bi[4] der ich alsô schône
an eime tanze gie
ir zaeme[5] wol die krône,
so schœne wîp wart nie!
  Elle[6] und Else[7] tanzent wol
des man in beiden danken sol.

Ine[8] gesach so tugent rîche
vrouwen nie, des muoz ich jehen[9]
  Noch so rehte minnekliche;
swaz ich vrouwen hân gesehen
  Des ist si vor in allen
gewaltic ie mer mîn:
si muoz mir wol gevallen
si suezer saelden[10] schrîn.[11]
  Elle und Else tanzent wol
des man in beiden danken sol.

---

1 *aber*, wieder, abermal. — 2 auf Hoffnung. — 3 Nämlich: wenn die Freude gesund werden soll, muss die Trauer erkranken. — 4 *Bî*, mit, nahe. — 5 ziemte. — 6 *Elle*, wahrscheinlich abgekürzt aus: *Elêne*, Helene. — 7 *Else*, Elisabeth. — 8 *Ine* = ich ne; ne, Verneinungspartikel zu nie. — 9 *jehen*, sagen, erklären. — 10 *saelde*, alles Gute, Seligkeit. — 11 *schrîn*, Schrank, Lade.

Beim Tanze.*

Abermals will ich ihr singen
Meines Liedes treuen Dank;
Ihre Huld soll mir gelingen,
Meine Trauer werde krank!
Ihr mit der ich jüngst gehalten
Einen freudenvollen Tanz,
Ihr der schönsten der Gestalten,
Ihr geziemt der erste Kranz!
　Elle und Else tanzen wohl,
　Daß man beiden danken soll.

Niemals hab' ich noch gesehen
Eine Frau so tugendreich,
Keine, das muß ich gestehen,
Auch so minniglich zugleich.
Drum hat über mich vor allen
Sie die Vollgewalt allein,
Gänzlich hat sie mir gefallen,
Sie der Wonnen süßer Schrein.
　Elle und Else tanzen wohl,
　Daß man beiden danken soll.

---

* Bei einer festlichen Gelegenheit, wahrscheinlich nach einem Turniere, aus welchem der Sänger als Held hervorgegangen, erfreut er sich beim Tanze mit seiner Dame, der er von allen Frauen die Krone der Schönheit zuerkennt. Keine sei auch so tugendhaft und liebenswürdig zugleich. Um die Aufmerksamkeit seiner neidischen Aufpasser (Merker) nicht allzu sehr auf sich zu ziehen, und auch aus ritterlicher Artigkeit, unterhält er sich noch mit zwei Edelfräulein, deren zierliche Tanzkunst alles Lob verdiene. Er muß verschweigen, daß beide dessenungeachtet unendlich von Einer übertroffen werden. — Mit Recht sagt Karl Bartsch von diesem Liede, es

Sælik[1] sî diu sueze reine,
sælik sî ir rôter munt,
Sælik sî, die ich da meine,
sælik sî sô suezer vunt.
Sælik sî diu sueze stunde,
sælik sî, daz ich si ersach
sælik sî, daz si mich bunde[2],
diu bant si noch nie zerbrach.
Elle und Else tanzent wol
des man in beiden danken sol.

---

[1] *Sælic*, gesegnet, selig.   [2] *bunde*, band.

Selig sei die süße, reine,
Selig sei ihr rother Mund,
Selig sei sie die ich meine,
Selig sei mein süßer Fund.
Selig sei von allen Stunden
Die, da ich sie sah und fand;
Selig sei, die mich gebunden,
Und, daß sie nie brach, das Band!
Elle und Else tanzen wohl,
Daß man beiden danken soll.
(Aber eine nur beim Tanz
Trägt allein den ersten Kranz.)*

sei „ganz im höfischen Tone" gedichtet. Um so verwunderlicher ist es, daß er Elle und Else als Namen von „Bäuerinnen" bezeichnen konnte. Es sind eben Namen, welche Frauen hohen und niedern Standes führen konnten. Ein Blick auf das Bild der Manesse'schen Sammlung zeigt alsbald, wessen Standes die Tänzerinnen Hildebolds gewesen sind.

* Verschwiegener Schlußgedanke des Dichters.

V.

Daz ich den muot ie mer von ir bekêre [1]
so grôz unstæte ich vil gerne verbir [2],
Mîn herze stât niht sô, daz ez mich lêre,
daz ich mich ie mer scheide von ir.
Und ir gebærde die râtent mir [3],
die sint sô sueze, daz ich nie mêre
kein ander wîp mœhte minnen sô sêre:
ir schœnen lîbes hât Got michel [4] êre.

Ir schœniu zuht alsô senfte unde reine
lât mich daz herze von ir scheiden niet:
Hie mit ich kein ander vrouwen niht meine,
wan [5] diu mir sô vriuntlîche riet.
Dâ bî sol si wol bekennen disiu liet, [6]
unt daz si ouch wizze, ander vrouwen heine [7]
habent an mir umb ir minne vil kleine;
sus [8] diene ich in allen gerne durch die eine. [9]

---

1 *bekêren*, wenden, kehren. — 2 *verbern*, vermeiden, unterlassen. — 3 ihre Geberden (ihr äusserliches Benehmen) entsprechen, gefallen mir. — 4 *michel*, viel, gross. — 5 *wan*, als. — 6 sie möge den Inhalt dieser Lieder recht erkennen! — 7 *heine = cheine, keine*, irgend, etwa. (Nicht verneinend, weil die zweite Partikel fehlt.) Der Sinn ist: was etwa andere Frauen wegen Minne mit mir haben, ist sehr klein: *vil kleine*, ironisch statt: gar nichts. — 8 *sus*, sonst, so. — 9 wegen der Einen.

Klage und Rechtfertigung gegen die Merker.*

Daß je den Muth ich einmal von ihr kehre,
So große Untreu unterlaß ich gern.
Nicht so steht's um mein Herz, daß es mich lehre
Von ihr zu scheiden und zu sein ihr fern.
Denn ihre Winke sind mir Rath und Stern.
Von solchen Huldgeberden ist die Hehre,
Daß andre Minne ruhig ich entbehre.
Mit ihrem Leib schuf Gott sich selber Ehre.

So schön ist sie, die züchtige, sanfte, reine!
Wie könnt' es sein, daß ich mich von ihr schied?
Hiemit ich eine andre Frau nicht meine,
Als die so freundlich meinem Herzen rieth.
Bekennen will ich's frei in diesem Lied
Und wissen soll sie's: andre Frauen keine
Lieb' ich; die Minne wär auch eine kleine!
Wohl dien' ich allen, aber durch die Eine.

---

* Seine ritterliche Courtoisie gegen andere Damen gab den Merkern Anlaß, ihn deshalb bei seiner Herrin zu verdächtigen und ihren Argwohn zu erregen. Der Uebereilung ihres Zorns setzt er die ruhige Betheuerung seiner Unschuld, die an den Tag kommen werde, entgegen, und bittet sie, lügenhaften Märchen über ihn keinen Glauben zu schenken. Die Stunde der Trennung wolle er nimmer erwarten, er hoffe im Gegentheil, durch Gewährung ihrer Gunst noch alles Herzenleid zu überwinden.

Mir ist der muot worden truebe unde swære,[1]
wand[2] min sol doch nie mer werden gegen ir[3] råt.
  Sit si geloubet von mir bœsiu maere,
gegen der min herze alsô guetlichen stât:
    Ein teil[4] si an mir vergâhet[5] sich hât,
si hete des êre, daz si ir zorn verbære,[6]
unz[7] ich gegen ir sô gar unschuldik wære:
o wê, wes zîhent mich die lügenære!

  Nie mer mueze ich sanfter bîten[8] der stunde,
daz ich mich von ir scheide, swie ez joch[9] mir ergât,
  Ob si mir ir genâden niht verbunde.[10]
sô daz beschæhe, seht, so würde min wol råt:
    Ir rôter munt, der sô guetlichen stât,
ob si mir den ze küssenne wol gunde,
und alsô, daz ez doch nie man bevunde,
daz herze leit ich sanfte überwunde.[11]

1 *swære*, schwer. — 2 *wand*, denn. — 3 *gegen ir*, ihr gegenüber. — 4 *ein teil*, ein wenig; ironisch für: sehr stark. — 5 *vergâhen*, sich überstürzen, übereilen (jach, jäh). — 6 unterliesse; von *cerbern*. — 7 *unz*, so lange bis. — 8 *bîten*, warten, auf u. s. w. Am Lechrain noch im Volksmund als *beiten*: auf Bezahlung warten, borgen. — 9 *joch*, auch. — 10 Der Sinn ist: ich bleibe; vielleicht dass mir noch ihre Gnade zu Theil wird. *Verbunde*, verpfändete. — 11 *gunde*, *bevunde*, *überwunde*: gönnte, erführe, überwände.

Trüb ist mein Sinn und lahm zu hohen Flügen!
Woher soll meinem Herzen Rath und Muth,
 Da über mich sie Märchen glaubt und Lügen,
Und bin ihr doch so holdgesinnt und gut!
 O wäre sie doch besser auf der Hut,
Statt zornigem Wahn so eilig sich zu fügen.
Bald würd' ihr meine Unschuld ganz genügen.
O weh, daß sie sich also läßt betrügen!

 Die Stunde will auf ewig ich verschieben,
Wo ich von ihr mich trennte; wie's auch sei,
 Die Zeit mich zu begnadigen und zu lieben,
Sie kommt noch einst, dann ist die Noth vorbei.
 Wird einst ihr rother Mund herzhaft und frei
In Hulden mich zu küssen angetrieben,
So, daß es heimlich zwischen uns geblieben —
Wie schnell wird alles Herzeleid zerstieben!

VI.

Ich würde vrô, künde ich verdienen daz,
dô ich gegen ir[1] hôher bete[2] begunde,
Daz ich von ir grôzen haz
nie vernam von ir suezen munde,
Daz si sô schône[3] mir versagen kunde:
ob ich niht mer genâden an ir vunde,
sô wolte ich ie mer bî ir beliben:
dur daz ouch getrûwe[4] ich ir baz,[5] danne allen wiben.

---

[1] *gegen ir*, ihr gegenüber, gegen sie. — [2] Bitten um hohe Dinge. — [3] *schône*, schon. — [4] *getrûwen*, trauen, sich verlassen. — [5] *baz*, mehr, besser.

Zierliches Versagen.*

Wenn Eines ich verdiente, wär' ich froh:
Hab' ich ihr hohe Bitten vorzutragen,
  Daß sie mir nicht mit hartem Zürnen droh'!
Mich über ihren süßen Mund beklagen
  Nicht könnt' ich: gar zu schön ist ihr Versagen.
Ich will mich ihrer nimmermehr entschlagen,
Wenn sie auch nichts gewährt, und will vertrauen
Aus diesem Grund ihr mehr als andern Frauen.

---

* Nach vorgetragenen Bitten von hoher Wichtigkeit ist der Dichter zufrieden, wenigstens keinen Haß bei ihr gefunden zu haben; im Gegentheil, ihr Versagen sei so schön gewesen, daß er schon um dessen willen bei ihr verblieben und ihr mehr als allen andern Frauen vertrauen wolle.

VII.

Wie schœne unde guot si wære
des het ich sô vil vernomen,
Daz nie mer mê diu mære
kunden ûz dem herzen komen:
Sît hân ich an ir gesehen,
swie gerne ich si nû verbære,[1]
ine mœhte,[2] alse ist mir hie beschehen.

Künde ich, als ez ir gezæme[3],
wol gedienen, daz tæt' ich,
Daz si mîne bete vernæme
nâch genâden über mich.
Dô ich si mir ze trôste ersach,
wolte ir daz wesen[4] genæme,
sô wol mich[5] des, daz ie geschach.

---

1 vermiede. — 2 *ine mœhte*, ich möchte, könnte nicht. — 3 geziemte. —
4 *wesen*, sein. — 5 *wol mich* = wohl mir!

Die Gewaltige.*

Wie schön und gut sie wäre,
Deß hab' ich viel vernommen,
Daß nimmer diese Märe
Mir aus dem Sinn will kommen.
Seitdem hab' ich bei ihr gesehen,
Wie streng sie sich erkläre,
Um meinen Willen ist's geschehen!

Könnt' ich mit rechter Sitte
Ihr dienen, wie ich soll,
So daß sie meine Bitte
Aufnähme sonder Groll,
Und, weil ich sie zum Lieb ersah,
Sie nimmer mit mir stritte,
Wie wär' ums Herz so wohl mir da!

---

* Die Nachrichten über ihre Schönheit und Güte, die er aus eigner Anschauung kennt, bewirken, daß er, wenn er auch wollte, sie nimmermehr meiden könnte. Sein einziges Bestreben sei ihr wohl zu dienen, und je nachdem sie dies annehme, sei er froh oder traurig, reich oder arm; überhaupt habe sie vollständige Gewalt über ihn, nur eines vermöge sie nicht: daß er jemals von ihr weiche.

Swie[1] si wil diu minnekliche,
des het si gewalt alsô,
Ich bin arm ich bin riche,
ich bin trûrik, ich bin vrô:
Sô gar ist si gewaltik mîn:
ist aber,[2] daz ich von ir entwiche,
des sol s'[3] ungewaltik sîn.

[1] *swie*, wie immer, so wie. — [2] *ist aber*, d. h. sollte aber von mir gefordert werden, dass. — [3] s' = si, sie.

Es hat die Ohnegleiche
Ganz über mich Gewalt.
　Ich bin der Arm' und Reiche,
Bin jugendlich und alt,
　Betrübt und froh, je wie sie spricht,
Doch, daß ich von ihr weiche,
Dies Einzige vermag sie nicht.

VIII.

Vrouwe, ich rede ez mit iuwern hulden,
sit ich iuch alrêrste¹ sach,
Ine weiz, von welhen schulden,
lide ich vil grôz ungemach.
Daz mir von gedanken sô wê nie geschach,
wie'z mir solte ergân
von der liebe, die ich hân
gegen iu,² vrouwe, der mag ich niht lân.

Von iuwern ougen dar diu mîne
gie³ mir in daz herze mîn
Ein sô wunneklicher schîne,⁴
der muoz ie mer drinne sîn.
Ine gesach nie von wîbe sô guetlichen schîn,⁵
und ir guete dâ bî:
sit diz allez nû dâ sî,
vrouwe, genâde, sô lâ mich vri.⁶

---

1 zuerst. — 2 zu euch. — 3 gie, ging, von gân. — 4 und 5 schîne, schwaches, schîn, starkes Masculinum, Glanz, Licht.   6 so lass mich frei! ironisch, da es bei solchen Eigenschaften nicht möglich ist.

Frei oder leibeigen?*

Frau, erlaubt nach euern Hulden,
Seit ich euch zuerst gesehn,
Ist, weiß nicht aus wessen Schulden,
Mir viel Ungemach geschehn.
  Kann größeres Leid aus Gedanken entstehn?
Doch was auch geschieht,
Da die Liebe mich zieht,
Von euch, Frau, nimmer mein Herz entflieht.

Euere Augen durch die meinen
Strahlen einen Himmelsglanz
  In mein Herz, und dieses Scheinen
Ist drin eingeschlossen ganz.
  Sah je ich so liebliches Glänzen? O nein!
So viel Güte dabei?
Ist es wahr, nun so sei
Ich gnädig entlassen, so machet mich frei!

---

* Der Liebende klagt, daß ihm aus Gedanken nie ein größeres Weh entstanden sei und will nicht entscheiden, wer daran schuld sei. Wie es ihm auch ergehe, von der Liebe zu seiner Erwählten wolle er nicht lassen. Zwar ihre Augen hätten in sein Herz einen so wonnigen und liebreichen Glanz gestrahlt, daß er vor Uebermaaß des Glückes um Freiheit bitten möchte. Da sie ihm aber diese nicht gewähren könne, so will er ihr leibeigner Mann bleiben, ihr allezeit auf das beste dienen, nur solle sie ihm dazu die nöthige Gnade gewähren.

Nie man kan ez iu verkêren,
bin ich iuwer eigen man;
 Ez stât wol nâch[1] iuwern êren,
ob ich iu wol heiles gan,
 Und ich iu wol gerne diene, sô ich beste kan.
ob[2] ich daz tuo,
beide,[3] spâte unde vruo,
gegen iu, vrouwe, dâ hœret genâde zuo.

1 *nâch*, gemäss, in Beziehung auf. — 2 *ob*, wenn. — 3 *beide*, beides.

Könnt ihr nicht, wer mag's verkehren,
Bleib' ich euer Eigenmann?
Wohl steht es nach euern Ehren,
Wenn auf euer Heil ich sann.
Gern will ich euch dienen, soviel ich nur kann;
Und wenn ich das thu
Sowohl Abends als früh,
So gewährt, Frau, helfende Gnade dazu!

IX.

Dem künige¹ vuere² ich, swar³ er wil den lîp,
âne mîn herze, daz muoz hie belîben:
Daz hât bî ir z' allen zîten ein wîp,
von der mœht' ez unser herre⁴ niht vertrîben.
Sit ez nû muoz bî der schœnen bestân,
sô mœhte si dem künige doch z' êren
mir haben verlân⁵
ir herze: daz mîne wil von ir niht kêren.

Ich weiz wol, daz diu schœne ist sô guot,
si lât mich niht von ir schulden verderben;
Al eine swie si mir dar ümbe tuot,
doch wil ich ie mer nâch ir hulde werben.
Den willen bringe ich unz⁶ an mînen tôt:
des mœhte mich vil unsanfte verdriezen,
daz wære ein nôt,
solt' ich des wider si niht geniezen.

---

1 Friedrich II. vor seiner Kaiserkrönung 1220. — 2 *vueren*, leiten, nach tragen, führen. — 3 *swar*, wohin immer. — 4 Nämlich: Gott. An diesem Ausdruck nahm der Schreiber der Heidelberger Handschrift Anstoss und setzte: *al diu welt*, alle Welt. — 5 *erlân*, *verlâzen*, hier: überlassen, übergeben. — 6 *unz*, bis.

Dem König das Leben, ihr das Herz!*

Dem König folgt wohin er will, mein Leib,
Doch ohne Herz, das muß ich ausbedingen.
Denn dies besitzt zu aller Zeit ein Weib,
Von ihr weg könnt' es Unser Herr nicht bringen.
Seitdem mein Herz nun verweilet bei ihr,
So möge sie geben dem König zu Ehren
Ihr eigenes mir,
Da das meine von ihr nicht zurück will kehren.

Ich weiß es wohl, die Schöne ist so gut,
Sie läßt aus eigner Schuld mich nicht verderben.
In allen Fällen, was sie mir auch thut,
Will immerfort um ihre Huld ich werben;
Den Willen ich bringe bis zum Tod!
Doch würde mich freilich zu bitter verdrießen
Die traurige Noth,
Von ihr nicht einigen Dank zu genießen.

---

* Dem König wird in unbedingter Hingebung Leib und Leben gelobt, aber der Gebieterin das Herz. Da aber ein Leib ohne Herz sich für den König nicht schicke, so möchte sie, wenn auch nicht ihm zu lieb, doch dem König zu Ehren, ihr Herz ihm überlassen, da sie ohnehin das seinige besitze. So schwer es ihm siele, ihr ganz ohne Lohn dienen zu müssen, habe er doch den festen Willen, bis an den Tod um ihre Huld werben zu wollen, und wäre es nur, um den Glanz ihrer Tugenden immer mit seligen Augen anschauen zu können. Er habe sich ihr ganz ergeben, sie möge über ihn nun befehlen, wie es ihr immer beliebe.

Mîn ougen muezen durch das saelik sîn,
daz si an der guoten so rehte ie gesâhen
  Vil manige tugende und ir guetlichen schîn,
als ir von warheit die besten ie jâhen:[1]
  Ich hân mich lange gar an si verlân,
unt wil ouch ie mer genâde an si suochen:
  daz mueze ergân,
swie sie gebiete oder welle geruochen.[2]

[1] *jâhen*, praet. pl. von *jehen*, sagen, aussagen, zugestehen: „wie es ihr in Wahrheit die Besten jederzeit zugestanden haben". — [2] *geruochen*, für gut finden, belieben. — Man vergleiche am Schluss das Epigramm des Markgrafen von Hohenburg.

Zwar selig sind schon meine Augen ganz;
Deßwegen, weil sie an der Guten schauen
  So vieler Tugend ungetrübten Glanz.
Sie hat der Vesten Beifall und Vertrauen;
  So kann ich mich lange verlassen auf sie.
Allzeit ich alles zu Gnaden ihr thue,
Mag gehen es wie
Sie immer gebiete, und wie sie geruhe!

X.

Ez ist reht, daz ich lâze den muot,
der mir ûf minne was riche[1] unt guot,
ich wil gebâren,[2] als ez nû stât.
O wê, daz minne ie daz bœse ende hât!
swer sich mit stæte an ir unstæte lât,
wie unsanfte dem ein scheiden tuot!
Als ez mir hât daz selbe getân:
liebe muoz dikke[3] mit leide zergân:
wie sanft im ist, der sich hât behuot! —

„Nû werdent ougen viel truebe unde rôt
nâch liebem vriunde sô lîdent si nôt,
die ir da bîtent[4] lîhte[5] ie mer mê;
Daz leit getuot maniger vrouwen nû wê,
die vröude enpflagen[6] mit liebe, als ê,
der wunne wendet nû maniger den tôt.
Minne unde vriunde ich dur Got lâzen wil,
des dunket mich dur in nie mer ze vil,
sît man uns von ime dienest[7] gebôt."

[1] *rich*, herrlich, glücklich, reich. — [2] *gebâren*, sich benehmen, handeln. — [3] *dikke*, oft. — [4] *bîten*, warten. — [5] *lîhte*, leicht, wahrscheinlich. — [6] *enpflegen*, geniessen. — [7] *dienest*, Vasallendienst.

Abschied vor der Kreuznahme.*
Im Sommer 1217.

So mag es denn recht sein, ich lasse den Muth,
Der minniglich strebte, so fröhlich und gut.
Ich will mich nun schicken, und wie es auch geh',
Ins traurige Ende der Liebe. O weh,
Der schwankenden Sache war treu ich von je!
Wie unsanft dem doch ein Scheiden thut,
Wird einem dasselbe wie mir geschehn!
Muß immer die Minne mit Leide zergehn,
Wohl ihm, der sich weise genommen in Hut!

„Nun werdet ihr Augen vor Trübsal roth,
Ihr habt um den Freund, den geliebten, die Noth,
Auf immer wohl seiner beraubt ihr seid.
Viel Frau'n trifft bitter das nämliche Leid,
Sie trennt von den Freuden der Liebe der Neid
Des Schicksals, das Manchem bereitet den Tod.
Doch Freund und Minne verlassen ich will,
Das dünkt mich um Gott fürwahr nicht zu viel,
Seit man uns zum Dienste für ihn entbot!"

---

* Dieses schöne, aus der tiefsten Seele des Dichters gesungene Lied ist in seiner Deutung nicht ohne Schwierigkeit. Hagen gibt der dritten Strophe Anführungszeichen, nahelegend, daß hier die Geliebte spreche. Wegen der Schlußzeile dieser

„Min teil der minne daz sült ir iu hân,
daz enwil ich anders nie manne lân;
dâ bi sült ir, herre, gedenken mîn;
   Het ich iht[1] liebers, daz solt' iuwer sîn,
vröude unde wunne werde iu von ir schîn:[2]
si hât mir niwan[3] leit noch getân,
   Sît ich mich kêrte und ie sêre ranc
an eine stat,[4] dâ mir leider nie gelanc:
baz danne mir mueze ez iu dâ mite ergân."

   Daz ir genâde mich sô gar vergie,[5]
des bin ich vrô, unde klaget' ez doch ie,
ir edeler minne ich noch sanfter enbir,
   Danne ich si weste[6] in den sorgen nâch mir,
als ich nû hân unt lîde nach ir.
Got, unser herre, dur den ich si lie,[7]
   Der günne mir des, werde ie mer ein wîp,
der ûf genade sul dienen mîn lîp,
daz ez diu sî, diu mich êrste vie.[8]

---

1 *iht*, etwas. — 2 *schin*, offenbar, kund. — 3 *niwan*, nichts als. — 4 *stat*, Ort, Gelegenheit. — 5 *vergie*, überging, vermied, praet. von *vergân*. — 6 *weste*, wüsste. — 7 *lie = liez*, liess, praet. von *lân*. — 8 *vie*, fing, praet. von *vâhen*.

„Mein Theil von Minne, so nehmt alsdann,
Es soll ihn haben kein anderer Mann.
Nun Herr, lebt wohl und gedenkt auch mein!
  Hätt' ich noch lieb'res, ich gäb' es euch drein.
Bring' Minne der Art euch wonnigen Schein!
Mir hat sie nichts als Leides gethan.
  Seit sie mich bezwungen, ich manchesmal rang
Nach eurem Wunsche, was mir nicht gelang.
Ergeh' es euch besser, ich denke daran."

  Sie sprach's. Und daß sie nicht weiter gegangen,
Wie bin ich jetzt froh und verschmerze mein Bangen.
Denn Minne, so edel, ich leichter ertrage,
  Als wüßt' ich daheim sie in Sorge und Klage,
Genug, daß ich leidend verbringe die Tage.
Gott folg' ich, er möge mein Opfer empfangen,
  Und gönne mir einst, ist bestimmt mir ein Weib,
Der dienen ich soll mit Leben und Leib,
Daß die es nur sei, die zuerst mich gefangen.

Strophe meint Karl Bartsch, das ganze Lied wende sich an einen höher gestellten Freund, von welchem sich der Dichter verabschiede und dem er mehr Glück in der Liebe wünsche, als er gehabt habe. Ein solcher „Gönner", dessen Hildebold kaum bedurfte, würde aber die Schwierigkeit nicht lösen, und wir sind der Ansicht, daß nicht bloß in der dritten, sondern schon in der zweiten Strophe eine Dame spreche, welche bedauert, daß sie dem Dichter nicht mehr als echte Freundschaftsgefühle entgegenzubringen vermochte. Der Dichter billigt zuletzt dieses ihr kluges und edles Benehmen, und ist froh, daß sie ihm nicht mehr gewährt habe; es würde ihm wehe thun, wenn er sie zu Hause in Sehnsucht und Sorge wüßte: genug, daß er allein leide.

XI.

Dô ir versagen mir so nâhe gie,
dô dâhte ich des, ob ich nâhen wære,
daz ich vergæze ein teil mîner swære:[1]
dô huop sich erst diu nôt an mir:
    Mich getwank diu minne harter nâch ir.
danne si tet ze Sûrie[2] in dem lande;
dâ bi ich rehte an mir selben erkande,
daz ich des nie mer enpflichen kan,
Ich ensi ir stæte,[3] als dô ich sîn êrst began,
dô ich mit triuwen daz herze an si wande.

Wil si, daz ich von ir scheide den muot,
unt mîn herze von ir minne kêre,
sô sol si lazen ir schœne und ir êre:
ob si der beider verzîhen[4] wil sich;
    Dâ mit mak si von ir scheiden mich,
swar[5] sô daz kêret, so muoz ich belîben,
und ie mer dienen dar vor allen wiben.
wære der schœnen mîn dienst sô leit,
    Als si nû lange mir hât geseit,
sô mœhte si mich wol von ir triben.

---

[1] *swære*, Betrübniss, Leid. — [2] *Sûrie*, Syrien, hier synonym für Palästina. — [3] „ausser ich sei ihr treu". — [4] *verzîhen sich*, sich von etwas lossagen, darauf verzichten. — [5] *swar*, wohin auch immer; „wohin immer es sich wende", „wohin es auch gehe", d. h. den erwähnten — unmöglichen — Fall ausgenommen. — In diesem Liede beginnt jede Strophe mit einer einzeln stehenden reimlosen Zeile.

In Syrien und daheim.*

Da ihr Versagen mir so nahe ging,
„Wär' ich nur näher", dacht' ich unterdessen,
„Bald wär' ein Theil von meinem Schmerz vergessen".
Da fing die rechte Noth erst an bei mir;
    Die Minne zwang mich härter noch nach ihr,
Als sie im Lande Syrien mich bannte.
Hieraus ich deutlich an mir selbst erkannte,
Daß nie und nirgends ich entfliehen kann.
    Nun bleib' ich so, wie ich zuerst begann,
Als ich mein Herz in Treuen an sie wandte.

Und will sie, daß ich bändige den Muth,
Und ab mein Herz von ihrer Minne kehre,
So lasse sie zuvor Schönheit und Ehre!
Wenn sie der beiden sich entäußern kann,
    So scheidet sie mich und ich schweige dann.
Es gehe wie es mag, so muß ich auch bleiben,
Vor allen Frau'n mich ewig ihr verschreiben!
Und wär' mein Dienst der Schönen also leid,
    Wie sie zum Scheine lange führt den Streit,
Ja, dann nur könnte sie mich von ihr treiben.

---

* Der Kreuzfahrer hatte vergeblich gehofft, im heiligen Lande das Weh seines Herzens zu vergessen, und sehnte sich zurück in der Hoffnung, daß in ihrer beseligenden Nähe wenigstens ein Theil seiner Betrübniß verschwinden werde. Abermals umsonst: da habe die Noth erst recht angefangen. So könne er nun weder in der Ferne noch daheim seinem Leid entfliehen. Er ergebe sich in sein Schicksal und bleibe bei ihr; denn er könne sich eben so wenig von seiner Treue scheiden, als sie sich von Schönheit und Ehre. Uebrigens wisse er, daß ihr sein Dienst keineswegs so unangenehm sei, als sie vorgebe.

XII.

Die besten, die man vinden kunde
von dem Pfâde¹ unz an den Rîn,
  Die suochte ich nû manige stunde,
unt vant si in dem herzen mîn:
  Die ich hân erwelt ûz allen wîben,
diu ist hie, bî der wil ich belîben:
  ich wil mîn suochen lâzen sîn,
ich ensol's niht² langer trîben.

  Swie die vogel an dem rîse
singen nider, alder³ hô,
  So bin ich in einer wîse,
und enwirde doch nie mer vrô
  Von den dœnen;⁴ die ich dâ minne,
diu mak mir vröun herze unt sinne:
  ir genâde sint alsô,
daz ich ir niht wan⁵ vrumen⁶ gewinne.

---

1 *Pfât, Padus.* Po. — 2 „ich will es nicht" u. s. w. — 3 *alder*, oder.
4 Hier wurde ohne Erlaubniss der Herren Germanisten eine Conjectur gemacht und statt *Von der schœnen — Von den dœnen* gesetzt, was dem Zusammenhang mehr entsprechen dürfte. — 5 *wan*, ausser, nichts als, nur. — 6 *crum*, Vortheil, Nutzen.

Vom Po bis an den Rhein.*

Nach der Besten hielt ich Spähe
Von dem Po bis an den Rhein
   Manche Stund' — und in der Nähe
Fand ich sie im Herzen mein!
   Hier ist sie geheim zu schauen
Auserwählt vor allen Frauen.
All mein Suchen lass' ich sein;
Sicher darf man mir vertrauen.

   Wie der Vogel auf dem Reise
Höher oder tiefer singt,
   Hab' ich auch nur Eine Weise,
Die im gleichen Tone klingt.
   Nicht das Lied, nur ihre Minne
Kann erfreu'n mir Herz und Sinne:
Ihre Gnade, wenns gelingt,
Ist allein mir zum Gewinne.

---

* Auf seinen Wanderungen vom Po bis zum Rhein habe er keine gefunden, die derjenigen gleiche, die in seinem Herzen wohne. Wie der Vogel auf dem Zweige in höhern und tiefern Tönen doch immer nur Eine Weise habe, so sei auch der Inhalt seiner Lieder nur die Variation eines einzigen Thema's. Aber nicht sein Gesang, sondern nur ihre Minne könnte wahrhaft sein Herz erfreuen. Uebrigens wünschte er, daß sie weniger schön wäre, weil er alsdann weniger leiden würde. Müßte sie gemeinsam mit ihm nur eine einzige Sorge tragen, bald würde sie ihn mitleidsvoll von allen übrigen Leiden befreien.

Swie[1] si in der mâze[2] schœne wære,
und alse[3] gar[4] niht minneklich,
Sô ne het' ich so manige swære
von ir niht, des dûhte mich;
Wolte si hân mit mir gemeine
miner sorgen niht wan eine,
lihte si bedæhte sich,
daz min trûren würde kleine.

1 *Swie*, wie immer, so wie. — 2 *mâze*, Maass, *in der mâze*, nach Maass, d. h. nicht übermässig. — 3 *alse*, so. — 4 *gar*, gänzlich; und nicht so sehr gar, gänzlich — minniglich.

Wenn sie schön nur wäre mäßig
Oder weniger minniglich,
 Hätt' ich nicht so unabläffig
Weh nach ihr, so dünket mich.
 Wenn sie meiner Sorgen theilte
Eine nur — wie bald sie eilte
Anders zu bedenken sich,
Daß sie mich von Trauer heilte!

XIII.

Das herze ist mir vor leide nâch[1] verswunden,[2]
mir hât versagen die vröude mîn verkêret
Unt mînen muot niwan[3] trûren gelêret,
wan ich nû hân ir ungenâde bevunden;
Daz tuot mir leit unde wê z' allen stunden,
mîn ungelükke ist mit sorgen gemêret,
mich habent ir wort alsô sanfte[4] versêret,
daz ich niht möhte über winden die wunden.

Swenne ich genâden ie gegen ir gedâhte,
sô vröuwete mich ir schîn in dem muote;
Sô enpfie aber si mîn rede sô gar z' unguote,[5]
daz ich erschrak unt mich an trûren brâhte,
O we, sô vorhte ich, daz es si versmâhte,[6]
sô het ich sorge, als ein kint ze der ruote,
wie ich gegen ir hulden mich alsô behuote,
daz si iht[7] von zorne sich an mir vergâhte.[8]

---

1 *nâch*, beinahe. — 2 *swinden*, vergehen, ohnmächtig werden. — 3 *niwan*, nichts als nur. — 4 sanft, ironisch für schmerzlich. — 5 Der Sinn: Schon der blosse Gedanke an ihre Huld erfüllte mein Herz mit freudigem Glanz, was würde erst eine Rede von ihr bewirkt haben! Sie aber empfing meine Rede u. s. w. — 6 *versmâhen*, intr. unangenehm berührt werden, empfindlich aufnehmen. In diesem Sinne noch jetzt im süddeutschen Volksmunde gebräuchlich. — 7 hier *iht* für *niht*. — 8 *vergâhen sich*, sich übereilen; daher unser jach, jäh. — Diese beiden in Stollen und Abgesang durchgereimten Strophen sind in der ältern romanischen Weise gedichtet, wie Nr. V. und XXI.

Das Kind vor der Ruthe.*

Ein Leid zum Sterben hat mein Herz empfunden,
Versagen hat die Freude mir verkehrt
Und nichts als Trauern meinen Muth gelehrt.
In voller Ungnad' hab ich sie gefunden.
　Das thut mir leid und weh zu allen Stunden,
Mein Unglück hat mit Sorgen sich vermehrt.
Mich haben ihre Worte so versehrt,
Daß nimmer heilen werden meine Wunden.

Wenn ehmals ich an ihre Gnade dachte,
Der bleiche Schein behagte meinem Muthe,
　Sie aber hielt so wenig mir zu gute
Ein Wort, daß es mir Schreck und Trauer brachte.
　Da ich ihr nun so üble Laune machte,
So fürcht' ich wie ein Kind mich vor der Ruthe,
Ich hüte mich vor ihrem raschen Blute,
Und ihrer Uebereilung nah' ich sachte.

---

* Muthlosigkeit und großes Herzeleid, verursacht durch die üble Laune der Gebieterin. Da eine unzeitige Anrede den Dichter in völlige Ungnade brachte, so will er künftig vorsichtiger sein, sie fürchten wie ein Kind die Mutter mit der erhobenen Ruthe und behutsam den Uebereilungen ihres Zornes ausweichen.

XIV.

Dô ich, beide,¹ gesach unt gehôrte
daz man si hâte sô verre² verguot,
   Von dem lobe ich mich tumpliche³ enbôrte,⁴
daz ir diu werlt alsô guetlichen tuot.
Ich solte mich vor der nôt hân behuot,
wan daz⁵ ir schœne mich alsô vertôrte,⁶
daz ich si bat, daz sie nie mer getuot:
ir grôz versagen mir die vröude zerstôrte.

---

1 *beide*, beides, sowohl, als. — 2 *verre*, ferne. — 3 *tumplich*, thöricht. — 4 *enbæren sich*, sich erheben — aufrichten. — 5 *wan daz*, nur dass. — 6 *vertœren*, zum Thoren machen. „Ich wollte mich wohl bei diesem Lob ihrer Tugend vor der gegenwärtigen Noth behütet haben, wenn nicht ihre Schönheit" u. s. w. — Aeltere romanische Strophe.

Widerspruch in der Freude.*

Ich nahm es wahr mit Augen und mit Ohren,
Daß man von ihr nur Gutes spricht,
Und wurde stolz, daß die, so ich erkoren,
Bestand der bösen Welt Gericht.
Doch leider ich bedachte nicht —
Da ihre Schönheit mich gemacht zum Thoren —:
Zu meinem Flehn sagt sie aus Pflicht
Dann Nein, und meine Freuden sind verloren!

---

* Ueberall in weiter Ferne erklingt ihr Lob, worüber der Dichter eine stolze Freude empfindet. Bei einigem Nachdenken findet er diese Freude thöricht, da sie bei der Sittenstrenge, die alle Welt an ihr rühmt, ihm nothwendig die Freuden der Liebe versagen müsse.

XV.

Mir tuot vil sanfte, swenne ich hœre, daz
man si lobet sô gar vollekliche.
Des bin vrô, und enweiz doch, dur waz;[1]
wan[2] unser muot stât sô gar ungeliche:
Ich minne si, sô ist si mir gehaz;
das ist ungeliche, sine[3] bedenke sich es baz,
sô daz ir guete iht[4] an mir entwîche.

---

1 „Dess bin ich froh, und weiss doch nicht warum?" — 2 *wan*, denn. —
3 *sine*, „ausser sie besinne sich eines bessern". — 4 *iht*, wegen des vorausgehenden *daz*=niht, nicht.

Ungleich zu Muthe.*

Wenn ringsum ihr vollkommnes Lob erscholl,
So lieblich klang's, daß ich vor Freuden glühte.
Doch ohne Grund war ich so freudevoll,
Gar ungleich ist's uns beiden zu Gemüthe.
Ich bin an Minne reich, und sie an Groll!
So sehr Verschiedenes sie bedenken soll,
Daß nie entweiche von mir ihre Güte.

---

* Der Dichter meditirt denselben Gedanken: immer habe er die größte Freude, wenn er ihr vollkommenes Lob vernehme, obwohl er selbst nicht wisse warum: er liebe sie eben, obwohl sie ihm feindlich gesinnt sei. Eine solche Ungleichheit aber möge sie bedenken und sich nicht weigern, so Verschiedenes durch ihre Güte auszugleichen.

XVI.

Ich hân den gelouben in dem muote,
davon mich nie man kan vertriben,
 Daz mir nie mer mœhte komen z' unguote,[1]
daz ich si erwelte ûz allen wîben.
 Wâ[2] sol ich belîben
mit sô grôzen êren,[3]
als ich an der schœnen vunde?
wol mich, daz ich sô weln kunde!

[1] z' unguote komen, Nachtheil bringen; schlimm bekommen. — [2] wâ, wo. — [3] Hier steht eine reimlose, sogenannte „waise" Zeile.

Die Ehrenreiche.

Ein Glaube kann mich hoch begnaden,
Bei dem ich bleibe mit Vertrauen:
Es kommt mir nimmermehr zu Schaden,
Daß ich sie wählt' aus allen Frauen.
Wo sollt' ich bleibend schauen
Den Glanz so großer Ehren,
In dem sich eine Schöne sonnte?
Heil mir, daß ich so wählen konnte!

Er glaube fest, daß es ihm nimmermehr zum Nachtheil gereichen werde, daß er sich eine Dame in so großen Ehren ausersehen habe. Sein Streben sei ein ehrenhaftes, drum trachte er nach Ehren. — Aus diesem Liede sehen wir abermals, daß diese Minne für den Dichter „kein Spiel mehr war, mit dem er umging", sondern tiefer, sittlicher Ernst. Vergl. Nr. 10 am Schluß.

XVII.

Rehte vröude ich minne gerne
durch eine vröude, die ich hân;
Der wære mir niht z' enberne,[1]
unb die ist ez sô getân:
Swenne ich der einen âne[2] wære,
mir wæren die andern gar unmære;[3]
ich wil mich bringen gar ûz dem wâne,[4]
ez ist diu edele wol getâne
unt der besten ie mer eine:
dast mîn vrouwe, die ich dâ meine.

1 enbern, entbehren. — 2 „wenn ich ohne die eine Freude wäre"; die Heidelberger Handschrift hat hier fehlerhaft: *swenne ich bî der ainen aine ware*: „wenn ich bei der Einen allein wäre", was ganz sinnwidrig und unstatthaft ist. — 3 *unmære*, unwichtig, unlieb, zuwider. — 4 Der Sinn ist: „ich will nun deutlich sprechen: Diese eine Freude u. s. w." — 5 *vrouwe*, hier wie sonst immer: Dame, nicht verheirathete Frau. Karl Bartsch's Behauptung: „dass verheirathete Frauen in der Regel die vom Dichter besungenen Geliebten waren", findet jedenfalls auf Hildebold keine Anwendung. Karl Bartsch: Deutsche Liederdichter des XII. bis XIV. Jahrhunderts. Seite 9.

Die Krone der Freuden.*

Wahre Freuden minn' ich gerne
Wegen Einer Freude nur;
Wäre diese von mir ferne,
Leicht ich jene ganz verschwur.
Bin ich ohne sie einmal,
Wären alle andern schal.
Diese Freude, frei vom Wahne,
Ist die Edle, Wohlgethane,
Ist der Allerbesten Eine,
Ist die Frau, die ich da meine!

---

* Alle Freuden bekämen für ihn nur durch sie ihre Seele und Würze; ohne sie, die Edle und Wohlgethane, wären ihm die höchsten Freuden unlieb und werthlos.

XVIII.

Wil si bekennen den guetlichen willen, den ich
        gegen ir hân,
Sô hân ich gennog, wan sô kan si nie mer verlân,[1]
Sin' laze[2] mich des geniezen gegen ir,
daz ich ir gap, beidiu, herze unde sinne,
nâch ir genâden, sô danke si mir,
daz ich si baz,[3] danne mich selben, minne.

[1] *verlân*, unterlassen. — [2] „ausser sie lasse". — [3] *baz*, mehr, besser.

Das Recht auf Minnedank.*

Möchte sie den guten Willen, den ich trage gegen sie,
Doch erkennen, das genügte! Unterließe sie das nie,
Ich genösse deß von ihr,
Daß ich ihr mein Herz gegeben, mich und alle meine Sinne!
Ihre Gnade danke mir,
Daß ich sie mehr als mich selber, besser als mich selber minne!

---

* Wenn sie seinen liebereichen Willen gegen sie nur einigermaßen erkennen wollte, müßte sie ihm ihre Gnade gewähren; es verdiene gewiß Dank, daß er ihr Herz und Sinne zu eigen gegeben, und sie mehr liebe als sich selbst.

XIX.

Owê minne, wes zîhestû[1] mich?
ich hân dir doch niht ze leide getân;
Daz dû mich muejest,[2] dar an sündestû dich,
dû soltest mich wol ân' die not haben verlân,
Daz dû mir kêrest daz herze unt den sin
gar an ein wîp, diu niht weiz, wer ich bin,
unt diu mich doch, beide, siht unde hœret;
mich hât ir rât[3] und ir schœne vertœret:
sus[4] ist min vröude von iu beiden[5] zerstœret!

---

1 *zîhen*, zeihen, beschuldigen. — 2 *müejen*, betrüben, plagen. — 3 *rât*, Hülfe, Rath; hierin scheint ein Vorwurf zu liegen. — 4 *sus*, so. — 5 nämlich von der Minne und von ihr.

Klage gegen die Minne.

O weh, Frau Minne, weß zeihest du mich,
Und habe dir doch nichts zu leide gethan?
 Daß du mich so mühest, versündigst du dich.
Du hast mich verlassen, doch ohne den Wahn,
 Der immer noch kehret mir Herz und Sinn
So ganz an ein Weib, die nicht weiß wer ich bin,
Obwohl sie mich beides doch, sieht und hört!
Wie hat mich die Kluge, die Schöne bethört:
Mir ist von euch beiden die Freude zerstört!

Anklage gegen Frau Minne, die ihn zwar verlassen, aber die ihm angethane Herzensnoth nicht mitgenommen habe. Ihr gibt er auch die Schuld, daß er ein Weib zu lieben gezwungen sei, die ihn zwar täglich sehe und höre, aber nicht zu wissen scheine, "wer er sei". Der Dichter macht hier mit männlichem Selbstgefühl seinen Werth geltend. Er muß sich in der nächsten Nähe seiner Gebieterin, wahrscheinlich auf einem den Freundsbergern gehörigen Schlosse aufgehalten haben.

XX.

Kalte rifen[1] unde snê
sô diu zergânt, sô kumt, als ê,
beide bluomen unde klê:
unzergangen ist min nôt, der wirt ie mê.

Swie[2] man siht die heide stân,
wiz[3] alder[4] sumerlich getân,[5]
mir enwil[6] min leit zergân:
daz klage ich der schœnen, von der ich ez hân.

1, *rife*, Reif. — 2 *swie*, wie immer. — 3 *wiz*, weiss, d. h. winterlich. — 4 *alder*, oder. — 5 *getân*, angethan. — 6 *mir enwil*, mir will nicht.

Winter- und Sommerseufzer.

Der kalte Reifen und der Schnee,
Wenn sie zergehn, so kommt wie eh',
Die Blume mit dem grünen Klee,
Doch nicht zergeht und größer wird nur noch mein Weh.

Denn wie auch stehen mag die Au,
Im Winterschnee, im Sommerthau,
Mein Leiden immer gleich ich schau':
Das klag' ich ihr, die mir's gethan, der schönen Frau!

Diese einreimigen zwei Strophen sind ebenfalls in der ältern Weise gedichtet. Die elegische Stimmung und das musikalische Metrum verleihen diesem gewiß nicht conventionellen, sondern tiefempfundenen Lied einen eigenthümlichen Zauber.

XXI.

Owê, ich armer, wie sol ich nû werben,
sit ich ir niht enbieten sol mîn sendez[1] klagen?
Nû muoz ich leider swîgende verderben,
wan[2] ich ir minen kumber niht mak[3] selbe gesagen.
Dô wil ich der triuwe niht verzagen,
ich ensî ir holt,[4] alsô muoz ich sterben:
swîget der munt, so wil ich 'z in dem herzen tragen.[5]

Si mœhte mich doch under wîlent gruezen,
daz ir doch nie man verkêrte, als ez ir gegen mir stât;
Ich was gewon von ir worten vil suezen,
daz si mich gruozte: nûn' weiz ich,[6] war ümbe si 'z lât,
Ich engelte, daz mîn herze si hât
ze der besten erwelt; daz wil ich gerne buezen,
swenne[7] mîn stæte und ir êre und ir schœne zergât.

[1] *senede*, *sende*, sehnend. — [2] *wan*, weil, denn. — [3] darf, kann. — [4] „Bin ich ihr nicht hold, so —" — [5] *tragen*, *verzagen* u. s. w. sind nicht klingende oder weibliche, sondern stumpfe oder männliche Reime. — [6] „ich weiss nicht." — [7] *swenne*, dann, wann, zur Zeit wann.

Nur ein halbes Wort!*

O weh, ich Armer, wie soll ich nun werben,
Entbiet' ich nicht mein Sehnen und mein Klagen?
Ich muß nun mit geschlossnem Mund verderben,
Ich darf ihr meinen Kummer nicht mehr sagen!
Dennoch will ich an Treue nicht verzagen.
Wenn ich ihr hold nicht wäre, müßt' ich sterben;
Nun schweigt der Mund, will ich's im Herzen tragen.

Wenn sie mich wollte nur bisweilen grüßen,
Wer wüßte denn, was ihr im Sinne lag?
Ich war's gewohnt mit Worten, mit viel süßen,
Von ihr gegrüßt zu sein so manchen Tag.
Soll ich's entgelten nun mit diesem Schlag,
Daß ich die „Veste" wählte, soll ich's büßen,
Daß ich so treu, und sie so schön sein mag?

---

* Tiefe Melancholie des Dichters, jede Unterredung ist ihm verboten, er muß schweigen und seinen Kummer im Herzen verschließen. Schmerzlich entbehrt er den gewohnten Gruß, den sie doch leicht, ohne daß es jemand merkte, geben könnte. Er verlange ja nicht viel: ein halbes Wörtchen grüßend zugeflüstert, könne ihn glücklich machen. Er erwarte dessenungeachtet von ihrer Gnade noch die Zeit der Vollendung seiner Freude.

Mîn græste leit mœhte si lîhte wenden,
ein halbez wort dûhte mich von ir suez' unt guot,
Ruochte¹ si mir daz ze gruoze senden,
davon wær' ich ie mer rîch unt hôch gemuot.
Mîn edeliu vrouwe ist sô gar niht behuot,²
si mœhte mir die vröude wol verenden:
ûf genâde muoz ich warten wenne si 'z tuot.

1 *Ruochen*, besorgt, bestrebt sein. — 2 Der Sinn ist: „Meine edle Frau ist gar so wenig darauf bedacht (aufmerksam), mir meine Freude vollkommen zu machen."

Leicht könnte sie mein größtes Leiden wenden,
Wie süß mir wäre nur ein halbes Wort!
Wenn sie das wollte mir zum Gruße senden,
Wie hätt' ich hohen Muth und reichen Hort!
Die Edle fährt in ihrer Weise fort,
Und könnte doch so leicht mein Glück vollenden!
Von ihrer Gnad' erwart' ich Zeit und Ort.

XXII.

In den sumerlichen tagen hôhe stât
manik herze, niht daz mîn;
Daz klage ich der schœnen, diu mir selten lât
keine¹ vröude komen dar în.
  Sol daz ie mer alsô sîn,
  sô mag ich wol klagen, daz an ir niht zergât
  ir vil minneklicher schîn.

Si gelîchet wol dem sternen Tremundân,²
der nie hin noch her gegie;
Alsô hât si lange wider mich getân
daz si ir muot verkêret nie:
  Sît ich mich an sie verlie,
  sô enkunde ich an ir vinden, noch entstân³
  wan⁴ versagen, daz vant ich ie.

---

1 *kein, chein*, irgend ein, ein; unser kein würde es erst bedeuten, wenn eine zweite Verneinungspartikel dabei stünde. — 2 *Tremundân*, Polarstern, Nordstern, *stella tramontana*, ein Ausdruck, den Hildebold aus Italien mitgebracht hatte und der später bei den Minnesingern öfters vorkommt, z. B. beim Tanhauser. — 3 *entstân*, gewahr werden, einsehen. — 4 *wan*, ausser, als.

Der Polarstern.*

In sommerlichen Tagen höher schlägt
So manches Herz, doch nicht das meine!
Der Schönen klag' ich's, die es stolz erträgt,
Daß mir so selten blüht der Freuden eine.
Wird sie nicht müd', daß sie verneine,
Was strahlt sie noch — mein Herz in Klagen frägt —
Nutzlos in minniglichem Scheine?

Sie gleichet ganz dem Sterne Tremundan,
Der niemals hin noch her gegangen.
So hat sie lange wider mich gethan,
Sie regt sich nicht und läßt mich hangen.
Seit ich mich gab an sie gefangen,
Lag ich ihr noch so heiß mit Bitten an
Versagen konnt' ich nur erlangen!

---

* Das unwandelbare Gestirn am Himmel seiner Liebe, zu dem er in standhafter Treue emporblickt, hat mit dem Polarstern freilich auch jene Bewegungslosigkeit gemeinsam, nach der es sich weder entfernt noch nähert, weder unter- noch aufgeht. Ihr beständiges Versagen, das ihm zwar die Sommerszeit freudelos mache, ermüde ihn dennoch nicht, da er die Ahnung habe, einst noch Tage zu erleben, wo er so glücklich sein werde, daß ihm lieberes nicht geschehen könnte.

Si sol wizzen, swaz ich leides von ir klage,
daz ich doch nie wip gesach,
Die ich sô minnekliche in mime herzen trage:
nie niht anders ich verjach.[1]
Dulde ich davon ungemach,
waz dar umbe? ich mohte noch geleben die tage,
daz nie lieber mir geschach.

[1] *verjehen*, sagen, erklären.

Sie wisse, wenn ich leide, wenn ich klage,
Ich dennoch nie ein Weib ersah,
 Die ich so minniglich im Herzen trage,
Nie andres sang und sagt' ich ja!
 Geht solches Ungemach mir nah,
So will ich noch erleben schönre Tage,
Daß mir nie lieberes geschah!

XXIII.

Von sorgen wânde[1] ich ledik sîn
dâ mich die schœne al ümbe vie,
   Gehœhet wart daz herze mîn,
wan[2] ez mir schedelîche ergie.
   Dô[3] waz mîn sorge kleine:
nû hân ich mê, danne eine,
ich vürhte, ir sî vil wê nach mir
als mînem herzen ist nach ir;
daz sint zwivaltiu leit,
diu unser beider herze treit.[4]

   Under wîlent muoz ich tragen
von gedanken sendiu leit;
Als[5] ich danne hœre sagen
von ir grôze werdekeit,
   Sô wirde ich[6] von dem mære vrô;
si tæte[7] ouch mir daz selbe alsô,
hôrte si von mir iht guotes,
des sîn wir gelîches muotes;
swaz si vröut, des vröuwe ich mich,
swaz mich vröut, des vröut si sich.

---

1 *wânde*, wähnte, Prät. von *wænen*. — 2 *wan*, denn. — 3 *Dô*, damals. —
4 *treit*, trägt. — 5 *Als*, sobald. — 6 *wirde*, Präs. ind.: „Sô werde ich..." —
7 *tæte*, thät; Prät. von *tuon*.

Die Erhörung.

Sorgen wähnt' ich mich entronnen,
Als sie endlich mich umfing;
Jubelnd schlug mein Herz in Wonnen,
Dem es einst so schädlich ging.
Damals hatt' ich Eins zu klagen,
Jetzt doch muß ich mehr ertragen.
Ach, so weh sei ihr nach mir,
Fürcht' ich, als mir ist nach ihr.
Doppelt schmerzlich ist die Qual,
Weil sie beide trifft zumal.

So bisweilen muß ich tragen
Von Gedanken süßes Leid!
Aber hör' ich Schönes sagen
Ueber ihre Würdigkeit,
Solche Märe macht mich froh!
Wird sie es nun ebenso,
Hört von mir sie etwas Gutes,
Dann sind beide gleichen Muthes:
Was sie freut, deß freu' ich mich,
Was mich freut, deß freut sie sich.

— · — · —

Die lange Prüfung ist zu Ende, und die entsagungsvolle Treue des Dichters wird belohnt durch ein kaum gehofftes, unerwartetes Entgegenkommen der Gebieterin. Noch ist die Trennung geboten, und so erwächst ihm aus der bittersüßen Sehnsucht, die beide gleichmäßig zu einander tragen, ein doppeltes Leid, dem kein früheres zu vergleichen. Aber ihr überall vernommenes Lob mache ihn wieder fröhlich, was gewiß auch bei ihr der Fall sei, wenn sie Gutes von ihm höre. Nun wären sie endlich einmal gleichen Muthes, und theilten gemeinsam Leid und Freude.

Der marcgrâve von Hôhenburc.

Swer[1] sich sô sêre an di minne verlât,
daz er diu minne rehte minnet,
Hât danne[2] diu minne gedâht,
daz er des lôn von der minne gewinnet.
Nû[3] heizent si ez minne: minne ist ein nôt,
minne diu sorget gein[4] der minne!
minne gebôt
minne ze dem, der sich minne versinne.[5]

[1] *Swer*, wer immer, jeder der, wenn jemand. — 2 *danne*, alsdann, demnach. — 3 *Nû*, jetzt, in der gegenwärtigen Zeit. — 4 *gein, gên*, gegen. — 5 *sich versinnen*, wahrnehmen, beobachten, auf etwas denken.

Schlussbemerkung. In dem von F. H. v. d. Hagen 1838 besorgten Abdruck aus der sog. Manesse'schen Sammlung folgen sich Hildebolds Lieder in anderer Ordnung, welche wir hiermit durch arabische Ziffern bezeichnen: I. 6, II. 12, III. 2, IV. 4, V. 1, VI. 13, VII. 9, VIII. 11, IX. steht unter Markgraf v. Hohenburg S. 34, X. 3, XI. 5, XII. 10, XIII. 8, XIV. 7, XV. 19, XVI. 17, XVII. 16, XVIII. 18, XIX. 15, XX. 21, XXI. 14, XXII. 22, XXIII. 20. — Von einzelnen Liedern Hildebolds sind bekannt gemacht worden in Bodmers Proben u. s. w. 1748, im Urtext: 1 Strophe von V. 1, 1 Str. v. III. 2, 1 Str. v. IX, XIX. 15, Str. 2 und 4 v. X, 3. Tieck, 1803 gab in seinen Minneliedern mit neuerer Orthographie die 2. u. 3. Str. v. V. 1, XXIII. 20. K. Bartsch: Deutsche Liederdichter, 1864, veröffentlichte im Urtext: III. 2, X. 3, IV. 4, XIII. 8, XII. 10.

Spruch des Markgrafen von Hohenburg.
In Hildebolds Ton.

Wer sich zum Unterthan der Minne macht,
Daß er in rechter Art die Minne minnet,
Der hat an diese Minne so gedacht,
Damit er von der Minne Lohn gewinnet.

Nun heißen sie Minne die Minne der Noth,
Die Minne der Sorge, entgegen der Minne!
Da doch Minne gebot
Minne zu dem, der sich Minne versinne.

Dieses Sinngedicht ist offenbar gegen die zwei letzten Strophen des Hildebold'schen Liedes Nr. IX gerichtet, in welchen unser Dichter einer unbedingten und selbstlosen Hingabe an die Geliebte das Wort redet. Dem Markgrafen behagte eben nur eine Minne um Minne, nicht aber eine „Minne der Noth". „Liebet die Euch lieben", ist sein etwas heidnischer Grundsatz. Launig und volksthümlich hat Walther von der Vogelweide den Gedanken von der nothwendigen Wechselseitigkeit der Liebe in folgender Strophe, die vielleicht dem Markgrafen vorgeschwebt hat, ausgedrückt:

Frouwe, nû versinne	Herrin, dich besinne
dich, ob ich dir iht mære sî.	Ob zu etwas gut ich sei!
eines friundes minne	Nichts ist halbe Minne,
diu ist niht, dâ ensî ein ander bî.	Beide Theile sei'n dabei.
minne entouc niht eine	Minne taugt nicht einsam,
si sol wesen gemeine,	Sie muß sein gemeinsam,
sô gemeine, daz si gê	Und gemeinsam also sehr
durch zwei herze und durch dekeinez mê.	Nur zwei Herzen und keinem mehr!

Markgraf Berthold v. Hohenburg im Nordgau, schon als Page am Hofe Friedrichs II., diente diesem und allen folgenden Hohenstaufen, was ihn aber nicht hinderte, die Partei des Papstes zu ergreifen, wenn es sein Vortheil erheischte. Er wurde zuletzt von Manfred verhaftet und zu lebenslänglichem Gefängniß verurtheilt 1255, war aber schon 1258 nicht mehr am Leben.